Julio Prieto

De la sombrología

Ediciones de Iberoamericana

Serie A: Historia y crítica de la Literatura
Serie B: Lingüística
Serie C: Historia y Sociedad
Serie D: Bibliografías

Editado por
Mechthild Albert, Walther L. Bernecker,
Enrique García Santo-Tomás, Frauke Gewecke,
Aníbal González, Jürgen M. Meisel,
Klaus Meyer-Minnemann, Katharina Niemeyer

A: Historia y crítica de la Literatura, 48

Julio Prieto

De la sombrología

Seis comienzos en busca
de Macedonio Fernández

Iberoamericana • Vervuert • 2010

Agradecemos a la Alexander von Humboldt-Stiftung su apoyo financiero.

ISBN 978-84-8489-534-3 (Iberoamericana)
ISBN 978-3-86527-569-1 (Vervuert)

Depósito Legal: SE-6114-2010

Foto de la cubierta: Creative Commons/Jérôme from Rouen
Cubierta: Michael Ackermann
Impreso en España por Publidisa

Este libro está impreso íntegramente en papel ecológico sin cloro.

Índice

[...] el que cuida aun las sombras a las cosas,
para que no las abisme el Día.

MACEDONIO FERNÁNDEZ

De la sombrología: a modo de prólogo

Hablamos de sombras: las que proyecta la escritura de Macedonio Fernández en ciertas áreas críticas de la literatura, la filosofía, la política y el arte del siglo XX. La sombrología es un tipo de estudio que Macedonio, su inventor, describe así en un texto publicado en 1948 en la revista cubana *Orígenes*: «investigación del carácter por el perfil de sombra de la persona en las paredes» (11). En la sombrología entendida como ejercicio crítico se trataría de rastrear la singularidad de un autor a partir de las sombras dejadas en textos y documentos de distintos campos o escenas de cultura. Proyecto elusivo, pues no se trataría sólo de discernir una silueta autorial en las paredes saturadas de inscripciones de la literatura, la filosofía o el arte modernos —y pocas siluetas más escurridizas que la del autor que aquí nos ocupa, tan proclive a desapariciones y a lo que él mismo llamó «una asiduidad de faltar casi enternecedora» (1993: 279)—, sino de leer en ese juego de sombras una serie de fragmentos de historia del pensamiento y la cultura. Fin de la metafísica, arte conceptual, literatura fantástica, política-ficción, vanguardias, «mala» escritura, microtextualidad, discurso cervantino: éstos son algunos de los fragmentos transdisciplinarios que este libro propone leer «por sombrología».

Aunque no sea ése su único interés, los ensayos aquí reunidos pretenden contribuir a una sombrología macedoniana, área de conocimiento movediza en la que confluyen en diverso grado la historia literaria, la teoría filosófica y estética y la mitología urbana de Buenos Aires, como corresponde a un escritor que acredita méritos de metafísico, novelista, místico, eudemonólogo, poeta, candidato a presidente y aun improbable descubridor de la penicilina. En cuanto ensayos de sombrología, estos ejercicios críticos se presentan «en busca de autor», para decirlo pirandellianamente: su premisa es que el autor está siempre en otro lugar, y que ese lugar de otredad —lo sabemos por Macedonio no menos que por Roland Barthes— se hace ejemplarmente visible en la lectura. Su razón de ser, en otras palabras, es el diálogo, en un sentido filosófico y (meta)teatral. En el teatro de sombras de la lectura —en diálogo con Borges, con Heidegger y Lévinas, con Marcel Duchamp y Guy Debord, con César Aira y Marosa di Giorgio, con Cervantes— se indaga el paradero de un autor en (des)aparición, mayormente vagabundo y espectral en las escenas de la crítica, y en ese punto de fuga se enhebran otras búsquedas —una serie de problemas o juegos de sentido cuya exploración me ha ocupado en los últimos años.

La premisa dialógica conviene al estudio de una escritura en la que autor y lector no sólo devienen, a la manera de Pirandello o Unamuno, personajes que dialogan, sino que ostenta en grado sumo la cualidad de lo conversacional. Borges evoca la genialidad de Macedonio como conversador en un pronunciamiento famoso: «Macedonio era un hombre de genio, pero no sé si literariamente; era un hombre de genio oral como tantos grandes maestros: Pitágoras, Buda, personas así que enseñaban hablando» (Schiminovich 1986: 39). En esta afirmación es difícil disentir en cuanto a la genialidad del retratado: más cuestionable es el restringido marco que se le asigna. De hecho, el genio conversacional es una de las grandes virtudes *de escritura* de Macedonio Fernández. De eso justamente se trata aquí: de una escritura cuyo valor radica en no ser del todo «literaria», en explorar la potencialidad de deriva y de atención al otro de la conversación —la capacidad de saltar de uno a otro asunto y trenzar «el hilo del tema [...] con tema de otro hilo» (Fernández 1996: 126)—. En busca del misterio de la voz que actúa en esa escritura (y otros misterios aledaños), se ofrecen aquí seis montajes o puestas en escena, seis artefactos de proyección de sombras: seis comienzos posibles.

El primer capítulo retoma la cuestión del conflictivo diálogo con Borges, que ya he examinado en otros lugares (Prieto 2002: 109-150; 2007: 475-504) y que aquí exploro en una encrucijada decisiva en ambos autores: el «entremedias» del discurso literario y filosófico. Entre literatura y metafísica, en escritos como *No toda es vigilia la de los ojos abiertos* (1928) o «Nueva refutación del tiempo» (1947), Macedonio y Borges tejen un luminoso y movedizo tapiz de textos cruzados por ansiedades de la influencia. Esa conversación agonística informa, por ejemplo, su distinto acercamiento al género fantástico y a la poética de la narración, y en última instancia es ahí, en ese cruce histórico de voces y discursos, donde se fragua una concepción del estilo —un estilo de economía narrativa y elegancia de dicción en el caso de Borges, cuyo tenaz antagonista es la práctica de desaliño retórico y «mala» escritura puesta en juego por Macedonio.

El segundo capítulo prolonga la lectura de Macedonio en las inmediaciones del discurso filosófico, proponiendo un diálogo con una serie de pensadores más o menos coetáneos (Bergson, Heidegger, Vaz Ferreira) que se proyecta hacia el futuro mediante la figura del «fin de la metafísica», que a partir de sus precursores decimonónicos (Marx, Nietzsche) recorre la filosofía del siglo XX desde Heidegger, Carnap y Wittgenstein hasta pensadores más recientes como Derrida o

Lévinas vinculados a la órbita de la deconstrucción. Mi lectura vindica la modernidad de la escritura filosófica de Macedonio justamente a partir del afuera de la filosofía en que se sitúa y de la singular entonación que en él asume el pensamiento del «fin de la metafísica».

El tercero examina otras modalidades del «entre» en la escritura macedoniana. La investigación del entremedias discursivo —lo que en un libro reciente Graciela Speranza (2006) llama «fuera de campo», o lo que desde otro punto de vista Ottmar Ette (2001) estudia bajo la noción de «literatura en movimiento»— sería otra vertiente de la sombrología. Fuera de campo, en los márgenes de los discursos y las disciplinas que favorecen luminotecnias orientadas a la producción de escenas consabidas, cunden la sombra y lo impredecible. La sombrología, como otras excéntricas microdisciplinas macedonianas —la astronomía de balcón o Astronomía Poca, la estética de la siesta, la narrativa de «títulos-texto»—, sería un «inframínimo» discursivo, para decirlo a la manera de Duchamp: su indisimulado objeto sería desquiciar, en el umbral de desaparición o desleimiento de los discursos, «el vistoso juego de tópicos que subdividen la Clasificación de las Ciencias» («Poema de poesía del pensar», en Fernández 1987: 125). Lo «fuera de lugar», el espacio intermedio entre política y ficción, entre literatura y artes visuales, entre textualidad y performatividad, es considerado aquí a partir de ciertos extravíos de Macedonio —tal su proyecto de candidatura presidencial, leído como acción artístico-política que prefigura una de las líneas más fecundas del arte contemporáneo— y en diálogo con algunos creadores y pensadores —Duchamp, Beuys, Tinguely, Debord— cuyas trayectorias orbitan en torno a la idea del fin —o el afuera— de la pintura (y en términos hegelianos, tal vez del arte).

Los capítulos cuarto y quinto proponen sendos juegos de sombras proyectados al futuro de la tradición literaria del Río de la Plata, no sólo en el sentido de rastrear la huella macedoniana en dos escritores cuya obra se sitúa a caballo entre el siglo XX y el siglo XXI —el narrador argentino César Aira y la poeta y narradora uruguaya Marosa di Giorgio—, sino porque las operaciones que éstos trazan en la estela de Macedonio —la reactivación de la vanguardia a partir de la noción de «mala literatura» en el primero; la productividad del trabajo micronarrativo y el cruce de géneros, en la segunda— se cuentan entre las más dinámicas del panorama literario contemporáneo en virtud de su capacidad de irradiación entre las nuevas generaciones de escritores.

El último capítulo propone, a modo de coda, un ejercicio de crítica con «retozos» de ficción, para decirlo macedonianamente. En él se examina el recurso del «maquillaje» en *Adriana Buenos Aires (Última Novela Mala)*, que ya he analizado en otro lugar (Prieto 2002: 81-82) y que Daniel Attala discute en un libro reciente (2009b) en el que su autor tuvo la amabilidad de ofrecerme un turno de réplica que aquí se incluye, con algunos *addenda*, en testimonio y continuación de ese diálogo crítico. El ensayo pone en juego la ficción autobiográfica de una conversación de café y una intermitente escenografía cervantina como marco de la discusión de la huella del *Quijote* en el proyecto novelístico de Macedonio. Se configura así un diálogo en quiasmo —entre Macedonio y Cervantes, y entre dos lectores contemporáneos avezados en sombrología— que mira a la vez hacia el pasado del discurso cervantino y hacia la literatura presente y futura de un siglo —el nuestro— en el que se detectan proclividades de signo macedoniano.

La sombrología de Macedonio Fernández contó entre sus primeros adeptos a escritores coetáneos: Borges, Gómez de la Serna, Leopoldo Marechal, Juan Ramón Jiménez. Es notorio que Borges, el primero (y por cierto el menos fiable) de los cultivadores de sombras macedonianas, concibe el ejercicio como rama más o menos fantástica de su personal mitología porteña en una serie de esbozos, alusiones y trazos desperdigados que componen una suerte de micronarrativa fragmentaria extendida a lo largo de varias décadas. En cierto modo, el primer ejemplar consistente del género es un ensayo de Ramón Gómez de la Serna, «Silueta de Macedonio Fernández», publicado en la revista *Sur* en 1937, que tendría continuidad en uno de sus *Retratos contemporáneos* (1941) y en el extenso prólogo de *Papeles de Recienvenido y Continuación de la Nada* (1944). Las siguientes versiones se adentran decididamente en la ficción y la mitología: en *Adán Buenosayres* (1948), la novela en que Leopoldo Marechal evoca y satiriza las andanzas de la vanguardia martinfierrista, Macedonio Fernández es un personaje de ficción —significativamente, en una nómina que incluye trasuntos ficcionales de Borges, Xul Solar, Jacobo Fijman y Raúl Scalabrini Ortiz, Macedonio es el único cuyo nombre no es modificado, como si en su persona histórica se diera ya plenamente la cualidad del personaje novelesco—. En la antología de textos macedonianos que compila en 1961, Borges aquilata en un prólogo memorable, como suelen serlo los de Borges, el mito del sabio oral cuya escritura tendría un valor secundario. En un libro de ensayos publicado ese mismo año, *La corriente infinita*, el poeta español Juan Ramón Jiménez propone una semblanza de Macedonio menos conocida (originalmente apareció en la prensa puertorriqueña) que tiene el mérito de reivindicar su perfil como *escritor*: en la visión de Juan Ramón, Macedonio Fernández, «hombre de meta transparente y paraíso normal», comparte morada con Dante, Blake y Hölderlin en el Paraíso de las Letras (Abós 2002: 222). Por esta vertiente de aprecio de su escritura, en la estela de autores y críticos como Osvaldo Lamborghini, Ricardo Piglia, Germán García, Ana María Barrenechea o Noé Jitrik, que abrieron decisivas vías de exploración en los años sesenta y setenta, el estudio de la sombrología macedoniana ha experimentado un auge considerable en los últimos años.

Hecha la salvedad de mis propios trabajos, los libros de Mónica Bueno (2000), Carlos García (2000), Diego Vecchio (2003), Ana Camblong (2003 y 2006) y Daniel Attala (2009) han iluminado diversas áreas de la escritura macedoniana. La trayectoria vital y artística de Macedonio nos es hoy mejor conocida merced a las *Memorias errantes* (1999) de Adolfo de Obieta, hijo, albacea y editor de Macedonio, a quien debemos la preservación de la mayor parte de sus escritos, y a *La biografía imposible* (2002) de Alvaro Abós. El volumen colectivo *Impensador mucho* (2007), coordinado por Daniel Attala, abre una vía de estudio virtualmente inédita —el análisis del pensamiento macedoniano en la tradición del discurso filosófico— que aún promete largos quehaceres críticos, como lo evidencian dos libros recientes de Samuel Monder (2007) y Raúl Cadús (2007). La publicación de otras dos obras colectivas, el *Diccionario de la novela de Macedonio Fernández* (2000), coordinado por Ricardo Piglia, y el volumen octavo de la *Historia crítica de la literatura argentina* (2007), a cargo de Noé Jitrik y Roberto Ferro, corrigen en parte una tendencia al ausentismo en las historias de la literatura, aunque hay que decir que su figuración en éstas, particularmente en las concebidas fuera del Río del Plata, es todavía anémica en relación a sus méritos, y que a pesar del relativo auge crítico reciente Macedonio sigue siendo un autor en cierto modo menos leído por la crítica que por una serie de escritores, artistas y agentes culturales que no dejan de reactivar sus propuestas.

El presente volumen se propone así como contribución a un área de estudio emergente, en el que no obstante las mencionadas incursiones queda mucho por hacer. Leídos en conjunto, los trabajos aquí reunidos componen un argumento implícito en cuanto a la actualidad y relevancia del autor que indagan para las letras, las artes y el pensamiento de nuestro tiempo. Constituyen, también, un alegato en pro de la urgencia de recuperar una escritura en su mayor parte dispersa en docenas de cuadernos inéditos: la edición de esos cuadernos es una tarea pendiente de las letras hispanoamericanas y los estudios literarios del siglo XXI. Puesto que Macedonio Fernández sigue siendo en gran medida un autor inédito, su escritura es una *terra incognita* en la que abundan las sombras y que, inevitablemente, arroja sombra de provisionalidad sobre los pronunciamientos críticos puestos en juego acerca de ella. La sombra de provisionalidad, es cierto, no sería exclusiva de los estudios macedonianos, ni aun de los estudios culturales, filosóficos o literarios: esa sombra, o su conciencia, no debería ser ajena a los juicios emitidos en el ámbito de cualquier saber humano —como tal, necesariamente precario, mudable y mortal—. La conciencia de un margen de sombra, una modestia y cordialidad de enunciación ligada a una fragilidad de existencia, tal vez sea una de las lecciones más íntimas de la escritura de Macedonio. Tratándose de ella, sería deseable emular esa conciencia, ese tono de pensamiento. Saber de sombras, entonces: sombrología. Saber de sombras de las que hablamos. Hablemos, pues.

Agradecimientos

Los ensayos aquí incluidos fueron concebidos en su mayor parte en el curso de una serie de seminarios, coloquios y colaboraciones académicas. A quienes de uno u otro modo aportaron en diversas circunstancias lucidez crítica y cordialidad de diálogo quisiera expresar aquí mi agradecimiento: especialmente a Ricardo Piglia, Graciela Montaldo, Julio Premat, Daniel Attala, Diego Vecchio, Julio Schvartzman, Graciela Speranza, Ottmar Ette, y a los participantes en el *Romanistisches Kolloquium* auspiciado por éste en la Universidad de Potsdam. A la Fundación San Telmo de Buenos Aires y a su director, Nicolás Helft, agradezco la cortesía de permitirme reproducir los pasajes inéditos de Macedonio citados en este volumen; a la Fundación Alexander von Humboldt, la concesión de una beca de investigación que hizo posible el estudio detenido de algunas de las cuestiones aquí tratadas, así como el apoyo necesario para su publicación.

1.

Viajeras razones: metafísica y fantasía*

[...] la pensée, par sa nature, manque de style.

PAUL VALÉRY

En *No toda es vigilia la de los ojos abiertos* (1928), Macedonio Fernández propone la noción de «viajeras razones» (284) para caracterizar la cualidad de borrador de esta obra, cualidad que por lo demás distingue la escritura macedoniana, singularmente proclive a efectos de provisionalidad e inacabado. La expresión sugiere la cualidad nomádica del discurso macedoniano, que en *No toda es vigilia* viaja entre la especulación metafísica, la ficción novelesca, la efusión lírica o mística y lo que cabría denominar «humorismo de los límites» o «comedia paratextual». Las páginas que siguen exploran cierta región de la selva de migraciones discursivas que la escritura de Macedonio trama en diálogo y contrapunto con la de Borges: la que se propaga en el intervalo entre filosofía y literatura y, más concretamente, la que deslindan las nociones de metafísica y fantasía. Se diría que buena parte del tráfico de ideas en que se involucran estas escrituras está motivado por una sorda competencia por ocupar ese espacio intersticial. Esto, entre otras cosas, explica la mezcla de admiración y reticencia con la que cada cual suele referirse a la escritura del otro, a la vez cómplice y adversa[1].

Metafísica y fantasía viajan juntas en Macedonio y en Borges —así como *de* Macedonio *a* Borges (y viceversa)—. Señalemos un punto de partida común: la conjunción de metafísica y fantasía que ensayan Borges y Macedonio se aleja de una cierta tradición del pensamiento occidental que desde Platón a Sartre apela a la literatura como discurso suplementario. La apelación a estrategias ficciona-

---

* Una versión previa de este capítulo apareció como «"Viajeras razones": metafísica y fantasía, o el extraño caso de Macedonio y Borges», en *Variaciones Borges*, 20, 2005, pp. 197-213.
[1] En cuanto a las transacciones textuales entre Macedonio y Borges, véanse Mattalia (1992) y García (2000). Para un análisis de la celosa dinámica de descubrimiento/encubrimiento del otro que informa esas transacciones, véase Prieto (2007).

les en *No toda es vigilia* podría tomarse en principio como una nueva versión del clásico motivo de «dorar la píldora» del conocimiento, pero esta explicación es insuficiente en la medida en que el desvío discursivo en Macedonio raramente tiene una función aleccionadora: por el contrario, suele subvertir y enredar, más que contribuir a la legibilidad del argumento filosófico. En Macedonio hay nomadismo y descarrilamiento discursivo —brusco salto de uno a otro discurso— y ese continuo migrar abre un espacio excéntrico que no es ni filosofía ni literatura y que se podría describir como un discurso del afuera —más que un discurso propiamente dicho, un «corrimiento» del territorio, una inclinación a sospechar e indagar los afueras discursivos que presupone toda enunciación—. La escritura de Macedonio tiende a evitar la subordinación de un discurso ancilar a un discurso rector, y en esto se distingue de la de Borges, cuyas ficciones se sirven de la metafísica (y en gran medida, como veremos, de la metafísica macedoniana) como instrumento de renovación del discurso literario. En efecto, la célebre *boutade* borgeana de considerar la metafísica como «una rama de la literatura fantástica» («Tlön», 436) pone de manifiesto el nexo que liga su escritura a la de Macedonio por lo meticulosamente que se desvía de ella. El gesto de devaluar la metafísica y subordinarla a la literatura invierte con exactitud el hecho de que la literatura fantástica de Borges es fácilmente concebible como una ingeniosa ramificación de la metafísica de Macedonio. Ramificación que no excluye la ironía y la parodia, como pasaré a examinar en seguida, si bien Borges tiene en común con Macedonio la inscripción de una discontinuidad en cuanto a esa tradición occidental de filosofía «literaria». A diferencia de lo que suele ocurrir en ésta, en Borges lo ancilar es la metafísica, objeto de lúdica manipulación ficcional, y en este sentido se diría que lo que ambos comparten, más allá de una serie de «viajeras razones» metafísicas, es el deseo de inscribir un corte en dicha tradición a partir de cierto modo de viajar entre filosofía y literatura[2].

Desde un principio, el pensamiento metafísico de Macedonio Fernández aparece ligado a la noción de fantasía. No deja de ser significativo que uno de sus más tempranos textos metafísicos, el ensayo «Psicología atomística», publicado en 1896, lleve el subtítulo «Quasi-Fantasía». Metafísica y fantasía se entrelazan en el pensamiento macedoniano al menos en tres sentidos. Primero, en un sentido retórico, su metafísica se da como fantasía, apela a las estrategias de la ficción como modo de presentación —es lo que Adolfo de Obieta, en la intro-

---

[2] En cuanto a esa tradición de filosofía literaria y a la relación con ella de las «ficciones filosóficas» de Borges y Macedonio, véase el sugerente estudio de Monder (2007).

ducción a *No toda es vigilia*, llama con acierto el «fantasismo-humorismo de la exposición» (9). En segundo lugar, en un sentido psicológico, su metafísica parte de la fantasía en cuanto deseo —el pensamiento se despliega a partir de un deseo o fantasía primordial: la negación de la muerte—. Por último, en un sentido teórico, esa fantasía en cuanto deseo tiene su correlato en la tesis idealista de la negación de la materia y en el monismo de una suerte de «fantasismo del ser»: todo lo que es, es fantasía, producción psíquica.

La confabulación de metafísica y fantasía, en los tres sentidos indicados, es particularmente notoria en *No toda es vigilia*, obra que Macedonio describe en una carta de 1928 como «la más honda fantasía espiritualista formulada en este siglo» (2, 37)[3]. Como en «Psicología atomística», la noción de fantasía enmarca el texto, que se abre con un epígrafe que sitúa el discurso en el terreno de la ficción —o más bien lo desubica como «ficción de una ficción», entre el discurso amoroso y el discurso estético: «Arreglo de papeles que dejó un personaje de novela creado por el Arte, Deunamor, el No Existente Caballero, el estudioso de su esperanza» (8, 229)—. A esto le sigue una inscripción lírica en verso libre titulada «Ediciones pro fantasía y expectación», donde se pone de manifiesto la dimensión desiderativa o eudemónica de su metafísica, arraigada en el deseo, la esperanza, la creencia y la pasión, tanto como en la argumentación lógica:

> Más que el Día
> es evidente el Ser, la plenitud
> y eternidad nemónica individual
> de nuestro ser
> nunca comenzado, interrumpido ni cesable.
> [...]
> Un Estado, cultura, arte, ciencia o libro no hechos
> para servir a la Pasión, directa o indirectamente,
> no tienen explicación (8, 230).

Estos versos inaugurales oscilan entre el discurso místico y el discurso amoroso y concluyen crípticamente así: «Sin Fantasía es mucho el Dolor; se hace, más de lo / que es, fantástico» (ibíd.). Leo este pasaje como indicio de cómo Ma-

---

[3] Aquí y en lo sucesivo, salvo en el caso del *Museo de la Novela de la Eterna* —única de las obras de Macedonio de la que existe edición crítica (ALLCA XX, 1993)—, cito a partir de las *Obras completas* (Corregidor, 9 vols.). La primera cifra indica el número del volumen, la segunda la página correspondiente.

cedonio trenza metafísica y fantasía en un doble sentido desiderativo y especulativo, como deseo y argumento filosófico. La metafísica como fantasía analgésica, abolidora del dolor y la muerte, aparece aquí entrelazada con la tesis idealista del «fantasismo del ser»: el dolor, como todo lo que es, es «fantástico», experiencia psíquica, pero la metafísica *qua* «fantasía» sería la forma *activa* o creativa del ser, que paradójicamente equivaldría no a un «más» sino a un «menos» de ser —a criticar, mitigar el ser en cuanto dolor.

La metafísica idealista de Macedonio implica una revalorización de la fantasía que está en las antípodas de la escatología barroca de *La vida es sueño* de Calderón, obra a la que implícitamente remite la perífrasis que da título a *No toda es vigilia la de los ojos abiertos*, o de otros ejemplos clásicos como el famoso discurso de Próspero en *La tempestad* de Shakespeare: «We're such stuff / as dreams are made on, and our little life / is rounded with a sleep» (1995: 72). Tales apelaciones clásicas al sueño como metáfora de la evanescencia del ser son explícitamente criticadas en *No toda es vigilia* como «falsetes de arte y de conducta» (244), a las que Macedonio opone el ensueño y la fantasía como «la mejor y más substancial categoría que puede calificar al Ser» (ibíd.). En consecuencia, Macedonio presenta la fantasía como realidad cotidiana —lo que no tiene que ver con ningún tipo de realismo mágico, aunque es posible postular que esa modalidad narrativa tendría un oblicuo origen, por intermediación de Borges, en la metafísica fantástica de Macedonio—. De ahí la admonición inicial de *No toda es vigilia*: «Lector. No clasifiques: ¡fantasías!, con desvío. Cotidiana tuya, como mía, es fantasía» (242). Dentro de esa cotidianidad fantástica (pero no mágica o fantásmica), Macedonio distingue implícitamente entre fantasías ordinarias o pragmáticas, que hacen vivible y convivible la existencia —«creer en Dios, en el progreso, en el orden del mundo, en el esfuerzo o sacrificio recompensado, en la cordura de la previsión, en la sensatez de hacerse rico o glorioso o poderoso, son Fantasías» (ibíd.)—, y fantasías extraordinarias o inmotivadas, cuya forma más sublime sería la Pasión, lo que Macedonio llama «Altruística, o el amor entre iguales» (ibíd.) como arte de traslación imaginaria o subjetiva.

Así, el pensamiento metafísico de Macedonio colinda con la fantasía como término *a quo* y término *ad quem*: parte de ella y en ella desemboca. Del deseo o fantasía de abolir la muerte, el dolor, el desconocimiento o apercepción y la extrañeza de ser —lo que en un ensayo de 1907 llama «anonimia» (8, 37)— a la afirmación de la creencia en la imposibilidad de lo imposible, y por tanto en la posibilidad de fenómenos «fantásticos» como la eternidad del alma, la telepatía o la comunicación de los espíritus más allá de la muerte, que argumenta así en un ensayo inédito de 1908, «Acción psíquica entre conciencias»: «Nada es imposible y todo lo que así se califique es siempre no una imposibilidad real sino un non-sensu de enunciación, una enunciación contradictoria en sí misma» (8, 87). La tesis de la negación de la imposibilidad, apasionadamente argumentada o afirmada como creencia por Macedonio, *sombrea* la literatura fantástica de Borges, la cual se puede ver en términos de historia literaria no sólo como un intento de superación de la estética vanguardista por él promovida en sus años de juventud, sino también como el resultado de un complejo proceso de asimilación y distanciamiento del discurso metafísico macedoniano. A todas luces, la literatura fantástica de Borges no se ajusta al molde de Todorov de «vacilación» (1970: 26) ante un hecho imposible: su «molde» es, por el contrario, macedoniano —la *afirmación* de lo imposible como hipótesis de partida tanto de la especulación metafísica como de la ficción literaria—. Ahora bien, la versión borgeana de lo fantástico se alejará gradualmente del eje macedoniano de la afirmación de lo imposible en la experiencia fenoménica y explorará el eje de los imposibles lógicos o «nonsensus de enunciación», que Macedonio desdeña en el ensayo citado como «desperdicio de la labor intelectual» (8, 88). La narrativa de Borges despliega con brillantez una estética del desperdicio que se opone nítidamente a la ética del provecho o bienestar espiritual que implica el pensamiento metafísico de Macedonio[4]. Borges se distancia deliberadamente de la metafísica fantástica de Macedonio en lo que ésta tiene de eudomonología o, como lo expresa en su «Crítica del Dolor», de «disciplina más favorable a la felicidad» (3, 20). De modo que en las ficciones borgeanas la afirmación de lo imposible es a menudo la realización de un imposible indeseable, siniestro o vagamente monstruoso: la memoria total de Funes, la percepción espacial infinita de «El Aleph», la invasión de la realidad por un mundo imaginario (el «tercer mundo» de Tlön) como fenómeno análogo a la expansión histórica de ideologías totalitarias como el marxismo o el fascismo, etc. A los imposibles siniestros de Borges —fantasías «heterotópicas», para utilizar el término de Foucault (1995: 3)— se opondrían los imposibles deseables o utópicos de Macedonio: la refutación de la muerte, la telepatía, el pleno conocimiento o percepción pura, la invasión de Buenos Aires por la Belleza en un capítulo del *Museo de la Novela de la Eterna*.

En este sentido, es significativo que la metafísica macedoniana proponga una distinción entre fantasía y fantasma en la que es posible percibir una respuesta de Macedonio a la versión borgeana de lo fantástico. Macedonio distin-

---

[4] Sobre la lógica del desperdicio en Borges, véase Molloy (1979: 132-133).

gue entre «fantasma», noción asociada negativamente a lo mágico, divino o supernatural y, más generalmente, a las ideas de falacia y no-ser, y «fantasía», vinculada positivamente con la imaginación humana y con la noción de ser. A la
«ontología fantasmal» (8, 407) y a los «fantasmas de invención por concepción»
(ibíd.) de las tres críticas kantianas y de la metafísica tradicional, Macedonio
opone una «ontología fantástica». Mientras Calderón, Shakespeare, Quevedo y
Borges hablan del carácter *fantasmal* del mundo como sombra, sueño, polvo o
alucinación, Macedonio habla del carácter *fantástico* del mundo como creación
activa de la imaginación humana. La metafísica bienhechora de Macedonio,
más allá del género gótico, de lo *unheimlich* freudiano y de la literatura fantástica de Borges, concibe la fantasía como alegría del pensamiento, tal como sugiere la «Conclusión» de *No toda es vigilia*: «¡qué alegración de todo el Pensar en el
mundo, por triunfadora Fantasía!» (326).

En cierto modo, la distinción entre fantasía y fantasma equivaldría a oponer
una fantasía fenomenológica a una fantasía lógica. En términos de Schopenhauer,
lo imaginable como fenómeno o «razón de ser» (*Grunde des Seins*; 1981: 116) se
contrapondría a lo inimaginable como concepto o «razón de conocer» (*Erkenntnis-
grund*; ibíd.). De lo primero, de lo imaginado e imaginable como principio del ser,
escribe Macedonio; de lo segundo, de lo impensable o inconcebible como principio de ficción, escribe Borges. En otras palabras, habría una fundamental diferencia
entre la noción borgeana de fantasía como ficción y la noción macedoniana de fantasía como ensueño: la primera remite a las ideas de falsedad, artificio, literatura; la
segunda, tal y como la formula Macedonio, aparece regularmente asociada a las
ideas de autenticidad, sustancialidad, pensamiento. Si a Macedonio, como afirma
en su «Ensayo de una teoría de la psiquis», le interesa la «verificación» (8, 36) como
principio de conocimiento, Borges explora la falsificación como principio de ficcionalidad. A la tesis macedoniana de que el ser es inmediatamente conocible, se
opondría el agnosticismo intelectual de Borges, que sugiere que nada conocible es
inmediato: todo, para Borges, es mediación, texto, inminencia. Macedonio, en
suma, afirma la plenitud e inmortalidad del ser-imaginando; Borges, la mortalidad
de la imaginación.

En estas divergentes versiones de lo fantástico es posible rastrear las huellas y
contusiones de un intenso intercambio de «razones» metafísicas y estéticas que
dejan entrever lo accidentado de sus viajes en la escritura de estos autores. Veamos un ejemplo concreto de esa traslación entre un texto de Macedonio y otro
de Borges. «Nueva refutación del tiempo» (1947), el texto quizá más declarada-
mente metafísico de Borges, puede leerse a la vez como un lúcido remedo y una

crítica soterrada de la metafísica de Macedonio, y en particular de *No toda es vigilia la de los ojos abiertos*. En términos lacanianos, lo que Borges hace en este texto es «atravesar la fantasía» de la metafísica macedoniana: cruzarla para exponer y acribillar sus tesis centrales —la negación de la temporalidad y la materia, la eternidad de la psique— en lo que éstas tendrían de objetos metafísicos de deseo. Como *No toda es vigilia*, «Nueva refutación» orbita en torno a las tesis idealistas de la negación de la materia, el tiempo y el yo; asimismo, ciertos elementos retóricos distintivos de *No toda es vigilia* como el nomadismo discursivo y la repetitividad tienen aquí sus equivalentes borgeanos: la mezcla del discurso metafísico con el discurso místico y literario se verifica en el interludio narrativo «Sentirse en muerte», y el hecho de incluir dos textos de distinta fecha que son variaciones sobre el mismo tema evoca el método macedoniano de reescritura continua. En efecto, una de las veladas paradojas de este texto donde lo paradójico aflora desde el título es que su conclusión no sólo refuta las tesis cardinales de la metafísica de Macedonio sino que remeda uno de los procedimientos predilectos de su escritura: el abandono del argumento, la abrupta inscripción autobiográfica que produce un descarrilamiento o desgarrón discursivo. El violento golpe de timón al que asistimos en el desenlace de «Nueva refutación» es comparable a lo que ocurre en el párrafo final del capítulo de *No toda es vigilia* titulado «Ley de asociación», donde en un abrupto cambio de tono y de rumbo Macedonio nos arroja a lo más íntimo de la situación de escritura y pensamiento desde donde emite su discurso, poniendo en temblor las tesis metafísicas desarrolladas hasta ese punto:

> Pero [...] sólo después de muchos años podré definir para mí [...] el sentido y valor espiritual de que hoy esté yo aquí, solo de Ella, sin compañía de la Compañera, con una ausencia en todas mis horas y con mi existir cifrado en conocer el misterio del existir, para saber si «su lado» será otra vez mi cercanía, y «seré» a su lado, como la ausencia de Ella ahora a mi lado es siempre (8, 272).

La inscripción traumática del yo autorial —inscripción que abrasa el texto, agujereando el argumento o la ficción— es, por cierto, un gesto frecuente en las narraciones borgeanas que las emparenta íntimamente con la escritura de Macedonio[5]. Borges hace un uso calculado y selectivo de lo que en Macedonio es una práctica continua e indiscriminada en textos como «Borges y yo», «La busca de

---

[5] Sobre las estrategias de inscripción de la figura autorial en Macedonio y Borges, así como en otros autores argentinos, véase el iluminador estudio de Premat (2009).

Averroes» o «El Aleph» —uno de los raros casos en que la narrativa de Borges, además de reformular y desplazar el discurso metafísico de Macedonio, reescribe su discurso amoroso.

Por otra parte, se diría que las diferencias más evidentes entre estos textos no son tanto de orden teórico cuanto retórico. Dada la agnóstica premisa borgeana, reiterada en el preámbulo de «Nueva refutación», de que las doctrinas metafísicas interesan menos por su valor de verdad que por su productividad textual o ficcional, el giro argumental de la conclusión pierde cierta relevancia —sobre todo si tenemos en cuenta que la defección de las tesis idealistas parece estar motivada por un deseo de diferenciación y fuga del discurso macedoniano—. Donde más nítidamente se desvía Borges de Macedonio (así como Macedonio de Borges) es en el cultivo de un decoro estilístico, un ideal clásico de elegancia y legibilidad diametralmente opuesto a la práctica macedoniana de escritura «mala», desaliñada y anti-retórica. Ahora bien, si la diferencia más significativa entre Borges y Macedonio es una cuestión de estilo, esa diferencia es indisociable de una determinada cualidad de pensamiento —y de un cierto hábito o manera de exponerlo—. La diferencia más relevante entre *No toda es vigilia* y «Nueva refutación» no estaría en la afirmación o negación de una determinada tesis —la existencia del tiempo—, sino en la distinta articulación de esa tesis y del discurso filosófico en general: una articulación notoriamente ahistórica en el caso de Macedonio, que contrasta con el planteamiento «filológico» de Borges, meticulosamente atento a las vicisitudes históricas de las ideas y, en general, a las ironías de la Historia[6]. A diferencia de la defección final del idealismo en favor de una suerte de existencialismo de dudosa continuidad en la obra de Borges, el historicismo es un rasgo recurrente en su escritura, que contiene notables ejemplos de reflexión y síntesis histórica —pienso en textos como «Los precursores de Kafka», «Pierre Menard, autor del *Quijote*» o «La esfera de Pascal», donde se afirma: «Quizá la historia universal es la historia de la diversa entonación de algunas metáforas» (307). En *No toda es vigilia* hay un notable desinterés por deslindar la historia de las ideas que se plantean, y la apelación a otros filósofos se focaliza obsesivamente en las figuras de Kant y Schopenhauer, de los que se echa mano como dialécticos *sparrings*, de un modo asistemático y ajeno a todo sentido de progresión histórica. En un ensayo de 1930, tal vez en respuesta a las objeciones de Borges a *No toda es vigilia* o bien al modelo de erudición filológica que propone su literatura, Macedonio afirma: «No haré historicismo; éste es una inacción mental muy trabajosa para mí, la temo. Lo que yo

---

[6] Para un excelente estudio de las ramificaciones históricas de la escritura de Borges, véase Balderston (1993).

deba a otros se adivinará. Lo más propio, o mejor en mí que en otros, lo señalaré» (8, 355)[7]. En efecto, Macedonio exhibe en *No toda es vigilia* una olímpica indiferencia en cuanto a la novedad (o falta de ella) de sus tesis, o a lo que puedan aportar a la historia de la filosofía, y de hecho cultiva una deliberada pose de descuido y falta de rigor metodológico en el manejo de la figura de Thomas Hobbes. Con provocador desenfado, Macedonio afirma no haber leído a este filósofo salvo en la forma fragmentaria e indirecta de una cita encontrada en Schopenhauer: sus ideas o su lugar en la historia de la filosofía son relegados en aras de una ficcionalización de su figura como personaje novelesco que forma parte del entramado narrativo-fantástico de *No toda es vigilia*: «No he leído el texto de Hobbes porque conocido para mí como jurista, no lo suponía metafísico. [...] Compongo, pues, la siguiente figuración para tratar el tema estimando que debe concordar con los pensares ocasionales de metafísica de Hobbes» (248). A la no-lectura macedoniana de Hobbes[8] —esto es, a la descontextualización y fantasiosa «figuración» de su nombre— habría que oponer la lectura y erudición recontextualizadora de Borges, quien en un guiño característico, en el epígrafe inicial de «El Aleph», hace lo contrario que Macedonio en *No toda es vigilia*: omite el nombre de Hobbes y cita un pasaje de su obra *Leviathan*. En ese pasaje, por mediación de Hobbes, se prolonga la refutación de Macedonio que contenían las líneas finales de «Nueva refutación del tiempo» (anterior en dos años al relato «El Aleph»). Así como éstas afirman con memorable patetismo la encarnadura temporal de la existencia humana —«el tiempo es un río que me arrebata pero yo soy el río; es un tigre que me destroza pero yo soy el tigre; es un fuego que me consume, pero yo soy el fuego. El mundo, desgraciadamente, es real; yo, desgraciadamente, soy Borges» (149)—, el epígrafe de «El Aleph» niega la tesis de la eternidad del ahora e infinitud del aquí que son a la vez postulados centrales de la crítico-mística macedoniana y temas lúdicamente explorados por la literatura fantástica de Bor-

---

[7] En cuanto al reticente juicio de Borges acerca de *No toda es vigilia* —y en particular acerca de su *estilo*—, véase, por ejemplo, lo que afirma en 1970 en *Un ensayo autobiográfico*, simplificando retrospectivamente un texto de cuyo complejo impacto en su obra hay sobrada evidencia: «Era un largo ensayo sobre el idealismo, escrito en un estilo deliberadamente enrevesado y oscuro, supongo que para imitar lo enredado de la realidad» (1999: 59).

[8] Pero esa no-lectura es ante todo una pose estratégica: exacerbada, por motivos que sugiero más abajo, en *No toda es vigilia*, apenas aparece en sus textos metafísicos anteriores a 1920, que tienden a la lectura de la historia de la filosofía como posición discursiva preeminente. De hecho, una de las introducciones a la metafísica de esa época se abre con la *afirmación* de lo que en *No toda es vigilia* es negado —la lectura del filósofo Hobbes: «Hobbes ya lo advirtió agudamente objetando a Descartes» (8, 93).

ges: «But they will teach us that Eternity is the Standing still of the Present Time, a *Nunc-stans* (as the schools call it); which neither they, nor any else understand, no more than they would a *Hic-stans* for an Infinite greatnesse of Place» (617).

A diferencia de *No toda es vigilia*, «Nueva refutación» despliega una estrategia retórica que parece específicamente concebida para poner en evidencia las carencias del discurso metafísico macedoniano. En marcado contraste con el ahistoricismo, desorden expositivo y esporádicas reflexiones sobre la cuestión de la temporalidad de *No toda es vigilia* —donde si bien se niega por igual toda «concebibilidad de Tiempo y Espacio» se dedican muchas más páginas y energías a la refutación de éste y del mundo material que a la demostración de la tesis de que «el Tiempo nada es, nada separa»—, «Nueva refutación» ofrece una suerte de historia sintética del idealismo y apela a las figuras de Berkeley, Schopenhauer y Hume para sugerir una progresión que iría de la negación de la materia y el espacio (Berkeley y Schopenhauer), a la negación del yo (Hume) y cuyo último jalón sería la negación del tiempo (primero sostenida y luego refutada *in extremis* por Borges) hacia la que se orientan todos los cauces argumentativos del ensayo. Con este hábil diseño retórico, Borges enfatiza la relativa novedad de sus tesis y la relevancia de su aportación a una determinada historia de las ideas en la que el nombre de Macedonio, según una estrategia a la que tienden los textos borgeanos posteriores a 1930, ha sido, por así decir, productivamente borrado. Bien es cierto que en el desenlace de «Nueva refutación» asistimos a un derrumbe del relato filosófico previamente armado que pone en cuestión el estatus u operatividad de sus argumentos dentro de una historia de las ideas —la «nueva refutación» a la que alude el título es de hecho una auto-contradictoria «refutación de una refutación» en la que implícitamente lo que se niega no es tanto una determinada tesis acerca del tiempo cuanto la coherencia del discurso filosófico que le daría cabida. Ahora bien, si el desgarrón autobiográfico desestabiliza el relato filosófico, en cierto modo también corrobora el argumento irónicamente afirmado desde el título y sugerido en el diseño retórico del ensayo y en la cronología de su escritura, escrupulosamente consignada en la «Nota preliminar»[9]: la realidad del tiempo e, implícitamente, de un proceso histórico de configuración de las ideas que al fin y al cabo es lo que haría posible que una refutación

---

[9] En esa «Nota preliminar» se deja constancia de varias fechas asociadas a la producción del texto: la fecha de publicación de la versión definitiva (1947), históricamente connotada por la precisión de ser posterior a Bergson y, como tal, una «anacrónica *reductio ad absurdum* de un sistema pretérito» (135); la fecha de publicación de una primera versión en forma de artículo (1943) y la de

pudiera ser «nueva». En suma, si Borges gusta de imaginar relatos e historias posibles de la filosofía para indagar sus contradicciones y escenificar su desmoronamiento, la manera en que Macedonio se sale del discurso filosófico es de antemano reacia a la construcción de relatos o argumentos históricos. En este sentido no deja de ser significativo que el elogio borgeano del pensamiento de Macedonio incluya una soterrada reticencia ante su ahistoricismo. Ese tema recorre el prólogo a la antología de su obra compilada en 1961:

> A los adeptos del budismo Zen les incomoda que les hablen de los orígenes históricos de su doctrina misma; parejamente, a Macedonio le hubiera molestado que le hablaran de una práctica circunstancial y no de la íntima verdad, que está ahora y aquí, en Buenos Aires. La esencia onírica del ser era uno de los temas preferidos de Macedonio, pero cuando yo me atreví a referirle que un chino había soñado que era una mariposa y no sabía, al despertar, si era un hombre que había soñado ser una mariposa o una mariposa que ahora soñaba ser un hombre, Macedonio no se reconoció en ese antiguo espejo y se limitó a preguntarme la fecha del texto que yo citaba (Borges 1961: 11).

El prólogo concluye, ambiguamente, así: «No sé que afinidades o divergencias nos revelaría el cotejo de la filosofía de Macedonio con la de Schopenhauer o la de Hume; bástenos saber que en Buenos Aires, hacia mil novecientos veintitantos, un hombre repensó y descubrió ciertas cosas eternas» (ibíd.: 22). El valor de Macedonio para Borges está en *volver a pensar*, lo que simultáneamente denota un valor y un déficit de valor: sugiere la magnitud a la vez que la paradójica futilidad de la empresa —la profundidad de un pensamiento así como su posible ilegibilidad en términos de *historia* de la filosofía—. En cualquier caso habría que matizar que la estrategia de Borges para distanciarse de Macedonio no implicaría tanto el planteamiento de una dicotomía entre Pensamiento e Historia cuanto el

---

una reescritura del mismo (1946); la exacta fecha de escritura de la «Nota preliminar» (23 de diciembre de 1946). A esta profusión de fechas, sin duda invocadas para prolongar la broma del título —¿cómo una «refutación del tiempo» podría ser *nueva* sin afirmar lo que querría refutar?—, habría que añadir otras marcas temporales de diversa índole (filológicas, históricas y biográficas): la fecha de la obra de Daniel von Czepko citada en el epígrafe (1655); la época de la hipotética publicación «no anacrónica» del ensayo («al promediar el siglo XVIII»); las fechas de nacimiento y muerte del antepasado de Borges y reformador de «la enseñanza de la filosofía» a quien le dedica el ensayo: Juan Crisóstomo Lafinur (1797-1824); la época de publicación de la «obra apologética» aludida en una nota al pie (el siglo II) y la de su traducción al inglés (1890-1894).

uso de ésta como campo de productividad textual[10]. En cierto modo, lo que Borges encuentra objetable en el pensamiento de Macedonio no es su ahistoricidad sino el hecho de que no sea *suficientemente anacrónico*. Borges opone al anacronismo involuntario del pensamiento macedoniano lo que en su relato «Pierre Menard, autor del *Quijote*» llama «la técnica del anacronismo deliberado y las atribuciones erróneas» (450), es decir, una práctica de lectura irreverente de la Historia como técnica de escritura, lo que presupone un conocimiento detallado y una puesta en reflexión de los procesos históricos (y por ende la configuración de una determinada historia del pensamiento). Cuando Borges describe su ensayo como «anacrónica *reductio ad absurdum* de un sistema pretérito», cabe sugerir que el sistema filosófico aquí *reducido* no es tanto «pretérito» cuanto estrictamente contemporáneo —lo que se pone en cuestión no es tanto (o no sólo) el idealismo de Berkeley, Hume o Schopenhauer cuanto el idealismo de Macedonio Fernández—. Esa operación de lectura/escritura *no anacrónica* deslizada por debajo de la propuesta de lectura «anacrónica» es justamente lo que le permite desplazar a Macedonio del anacronismo filosófico y apropiarse la posición de «argentino

---

[10] Hasta cierto punto la dicotomía entre Pensamiento e Historia estaría presupuesta en el discurso filosófico y en particular en la metafísica en cuanto modo de investigación interesado en las verdades últimas —en lo que por definición quedaría más allá de las mutaciones de la Historia—. Así Schopenhauer, en el preámbulo a sus «Fragmentos sobre la historia de la filosofía», oscila entre la banalidad y la imposibilidad de dicha historia —tarea de divulgadores profesionales y «parásitos de la filosofía», no de auténticos pensadores—, que en el mejor de los casos sólo podría darse en forma de fragmentos o de «crestomatía». «Leer en lugar de las obras originales de los filósofos exposiciones de sus teorías o, en general, historia de la filosofía es como pretender que otro mastique la propia comida» (2006: 67), advierte. No obstante, y más allá de que la crítica explícita de las historias de la filosofía, como vemos aquí, sea una de las posiciones discursivas privilegiadas para hacer filosofía, habría un horizonte histórico implícito en el pensamiento de cada filósofo que, como en este caso Schopenhauer, se piensa en cuanto a una determinada tradición —la tradición de la filosofía occidental, por ejemplo, o dentro de ésta, la tradición del idealismo— y despliega estratégicamente un sistema para hacer juego o producir un efecto específico dentro de esa tradición. No es casual que el último fragmento de la historia recorrida por Schopenhauer se titule «Algunas observaciones sobre mi propia filosofía», o que esa historia se proponga, al igual que el ensayo de Borges, como una serie de elementos interconectados cuyo último eslabón sería el pensamiento del autor de la historia: «Locke, Kant y yo nos hallamos en una estrecha relación, ya que en el intervalo de casi dos siglos hemos expuesto el paulatino desarrollo de un curso de pensamiento conexo e incluso unitario. Como miembro de conexión de esa cadena se ha de considerar también a David Hume» (ibíd: 120). En su desinterés por dicho posicionamiento estratégico en cuanto a una tradición filosófica radica la «ahistoricidad» del pensamiento macedoniano, que por lo demás no es ajeno, como comprobaremos, a otros modos de inscripción histórica.

extraviado en la metafísica» (135) —toda vez que la literatura de Borges haría textualmente productivo ese margen o «exterior» de la filosofía de un modo que la escritura de Macedonio excluiría de antemano.

A partir de esta notable divergencia de pensamiento se podría sugerir una analogía —una figura de lectura alternativa a la pareja Sócrates/Platón habitualmente aducida para leer a Macedonio y Borges—. A partir de la dicotomía atemporalidad/historicismo, cabría sugerir la pareja Platón/Aristóteles como figura de lectura más productiva que la idea, propuesta inicialmente por Emir Rodríguez Monegal (y ya insinuada por el propio Borges), de Macedonio como pensador ágrafo, maestro oral o «Sócrates porteño» (1952: 175). El hiato que representa la transición de Platón a Aristóteles en la historia del pensamiento occidental —la divergencia entre la atemporalidad del mundo de las ideas platónicas y el sentido del cambio o proceso que Aristóteles introduce en el pensamiento de la *physis*— es análogo a la estrategia que Borges emplea para distanciarse de Macedonio y que se podría resumir como una múltiple inyección de historicidad —por más que sea una historicidad irónica o «anacrónica»— aplicada a la metafísica macedoniana. Claro que la analogía Platón/Aristóteles no es en el fondo menos arbitraria que la pareja Sócrates/Platón, y sería fácil refutarla aduciendo, por la vertiente retórica, que ambos son en cierto modo «platónicos» por la conjunción de discurso filosófico y literario[11], y por la vertiente teórica, que ambos son más bien

---

[11] Desde una perspectiva estrictamente retórica, de hecho, los términos de la analogía se invertirían si seguimos la distinción que propone Schopenhauer en sus *Parerga y Paralipómena* (1850): «[Aristóteles] trata las cosas tal como se le ocurren, sin haber reflexionado antes sobre ellas ni haberse trazado un esquema claro: piensa con la pluma en la mano [...]. La antítesis radical de Aristóteles, tanto en la forma de pensar como en la exposición, es Platón. Éste se aferra a su pensamiento principal como con mano de hierro, sigue su hilo principal [...]. Se ve ahí que ha pensado el tema a fondo y en su totalidad antes de ponerse a escribir, y que había esbozado una artística ordenación de su exposición» (2006: 83-84). Según esto, Macedonio se aproximaría al polo «aristotélico» del «pensar con la pluma en la mano» en virtud de su «pensar escribiendo» (*Museo*, 34), en tanto que Borges tendería al polo «platónico» de la exposición artística y calculada del pensamiento. No obstante, como se verá en seguida, Macedonio no es ajeno a toda voluntad de exposición artística del pensamiento: el desorden y la divagación serían aspectos de dicha voluntad, toda vez que ésta no obedecería al paradigma clásico de cohesión propugnado por Schopenhauer y renovado por Borges, sino a un paradigma que podríamos llamar «romántico» o «vanguardista» de confusión y discordancia. Como expresión de ese paradigma cabe recordar las palabras preliminares de Friedrich Schlegel en su novela *Lucinde* (1799): «Nada más adecuado a mis propósitos y a los de esta obra [...] que negar ya desde el comienzo lo que llamamos orden, que alejarme de él y afirmar en los hechos y reivindicar el derecho a una provocadora confusión [*einer reizenden Verwirrung*]» (1925: 9).

«aristotélicos», dada la veta de nominalismo que recorre sus planteamientos metafísicos[12]. Si la propongo, con todo, es con ánimo de desestabilizar la tan frecuentemente esgrimida como perniciosa analogía «Sócrates/Platón»[13], y tal vez de esbozar vías alternativas de lectura de la encrucijada Macedonio/Borges, que contrastarían ciertos rasgos «platónicos» de Macedonio, como la inclusión del discurso amoroso en el pensamiento metafísico o la argumentación filosófica de la inmortalidad del alma, a rasgos «aristotélicos» de Borges, como la investigación de la caducidad y mutabilidad de la realidad, la inclinación «filológica» al estudio de los datos y documentos inscritos en las acciones humanas —su registro textual, por así decir—, o la salida de la Filosofía hacia el campo de la Historia[14].

Entre los numerosos motivos de la metafísica macedoniana que Borges rearticula en sus ficciones, hay uno que merece particular atención por su recurrencia y el papel que juega en la constitución de una estética y una determinada *Weltanschauung*. Me refiero a las categorías de causalidad y libre asociación de ideas como criterio de distinción de la vigilia y el sueño, cuestión obsesivamente examinada en *No toda es vigilia*. La tesis macedoniana de que la causalidad es indiferenciable de la asociación —y, por tanto, la vigilia del sueño— aparece reproducida en ese mundo al revés rigurosamente macedoniano que es Tlön:

En un texto estrictamente contemporáneo que permaneció inédito hasta 1929, el cuaderno titulado *Allgemeine Brouillon* (1798-1799) —algo así como «Revoltijo universal»—, Novalis observa bajo el acápite «Romantik etc.»: «El tiempo de la anarquía-falta de ley-libertad universal [...]. El mundo futuro es el caos racional [*das vernünftige Chaos*] —el caos que se atraviesa a sí mismo —está en sí y fuera de sí —caos elevado al cuadrado o al infinito» (2001: 455).

[12] En cuanto al nominalismo en Borges, véase el pionero estudio de Rest (1976). Macedonio por su parte caracteriza a menudo su pensamiento metafísico como un «nominalismo de la afección» (8, 379).

[13] Perniciosa en el sentido explícito de que, como señalara Schopenhauer a propósito de Sócrates, «es evidente que el Sócrates platónico es una persona ideal, es decir, poética, que expresa los pensamientos platónicos» (2006: 76). En cuanto pensador «sin escritura», Macedonio quedaría reducido en virtud de esa analogía a la condición de mito o «persona poética» a través de la cual se expresarían los pensamientos de Borges. Lo que sin duda es tan cierto *en la escritura de Borges* como escasamente justifica ignorar la propia escritura de Macedonio, que a diferencia de Sócrates dejó plasmado su pensamiento en un rico *corpus* textual —lo que alguna vez llamara «mi caudal manuscrito» (2, 88)— que abarca varias docenas de volúmenes publicados y cuadernos inéditos.

[14] En el artículo dedicado a Aristóteles en la 14ª edición de la *Encyclopaedia Britannica* (1929) se lee: «Aristotle departs from his master Plato —not so much in altering his theory of "ideas" as in shifting the whole balance of his interest, and in turning from "the heavenly things that are the objects of the higher philosophy" to the detailed facts of historical and biological process. He leaves *philosophia*, we may say, for *historia*» (Barker 1929: 351).

Dicho sea con otras palabras: no conciben que lo espacial perdure en el tiempo. La percepción de una humareda en el horizonte y después del campo incendiado y después del cigarro medio apagado que produjo la quemazón es considerada un ejemplo de asociación de ideas (436).[15]

El argumento macedoniano según el cual la causalidad no es un atributo reconocible de la realidad —lo serían, por el contrario, el caos y la casualidad— experimenta una curiosa mutación en el ensayo de Borges «El arte narrativo y la magia» (1932), donde se parte con Macedonio del «asiático desorden del mundo real» (231), pero, a diferencia de Macedonio, se desplaza la causalidad al terreno del arte como un valor específico de éste: «He distinguido dos procesos causales: el natural, que es el resultado incesante de incontrolables e infinitas operaciones; el mágico, donde profetizan los pormenores, lúcido y limitado. En la novela, pienso que la única posible honradez está con el segundo» (ibíd.: 232). Si Macedonio opone la intensidad del sueño a la insipidez de la vigilia y afirma que «el mundo regulado por leyes armoniza más con la noción de manía que con la de lucidez» (8, 351), Borges rearticula esa idea al oponer la caótica e informe causalidad de lo real a la lúcida e intensa causalidad «mágica» del arte, cuya versión literaria más depurada se daría en la narrativa fantástica. Borges llama «causalidad mágica» a lo que Macedonio llama «asociacionismo» o «ley de asociación» de los sueños, pero el nombre de Macedonio brilla por su ausencia en el texto de Borges, que le atribuye a esa idea una fuente remota: el antropólogo británico Richard Frazer y su monumental obra *The Golden Bough* (1890). Lo interesante de este desplazamiento es que revela la fricción entre dos estéticas y visiones del mundo antitéticas: si Borges aprecia una «lucidez» en el orden y la causalidad artística, Macedonio ve todo orden o ley como «manía» —la única lucidez para él está en la carencia de ley—. Ante lo que Macedonio llama en «Para una teoría del arte», «el universal espectáculo de descompás y asimetría de la realidad» (3, 238), Macedonio y Borges adoptan posiciones estéticas opuestas: Borges valora el orden y simetría del arte —su «causalidad mágica»— como alejamiento o cancelación de la realidad, a partir de una estética post-romántica de la artificialidad que está en la línea de lo que afirmara Stevenson en su ensayo «A Humble Remonstrance» (1884): «So far as it imitates at all, [art] imitates not life but speech. [...] Life is monstruous, infinite, illogical, abrupt, and poignant; a work of art, in comparison, is neat, finite, self-contained, rational, flowing,

---

[15] Para un examen de las huellas de la metafísica macedoniana en este relato de Borges en particular, véanse Camblong (2003: 194-97) y Garth/Dubnick (2008).

and emasculate» (91-92). Macedonio, en cambio, valora en el arte la «falta de compás» a partir de una estética expresionista y vanguardista —y, en más de un sentido, neorromántica— que propone una continuidad entre el desorden de la vida y un arte «desacompasado» e «inarmónico»: «Niego el compás en música, cuanto más en literatura. Ésta no puede tener ritmo» (3, 238). Macedonio, en las antípodas de una estética post-romántica o «modernista» que valora la autonomía del arte, con su orden y sus leyes específicas, asocia el arte a la idea de «libertad de experiencia», a una confusión de arte y vida, tal y como declara en su «Metafísica del amador»: «La aspiración estética se cumple: la libertad de la Experiencia con la libertad del Individuo» (8, 223).

* * *

Hasta aquí he examinado algunos ejemplos de cómo, para tomar prestada la feliz expresión de Ana Camblong, la metafísica fantástica de Macedonio «provoca discusión, infamias, ficciones, artificios y otras inquisiciones» (2003: 191-92). Ahora bien, ¿hasta qué punto es posible seguir el recorrido de estas «viajeras razones» en dirección inversa, es decir, de Borges a Macedonio? De manera tentativa quiero apuntar algunas vías de acceso a ese viaje de vuelta —a la doblez de los recorridos en la encrucijada Macedonio-Borges—. Al margen de un sinnúmero de alusiones específicas a Borges, rastreables en los textos de Macedonio posteriores a 1920, hay una serie de rasgos generales del discurso macedoniano posterior a esa fecha que es posible postular como resultado de su diálogo con Borges y, más ampliamente, con la generación vanguardista aglutinada en torno a la revista *Martín Fierro*. El nomadismo discursivo, la liminografía o pensamiento del afuera, la reivindicación de una «mala» escritura, la decantación del pensamiento hacia el campo de la estética, la teoría y práctica de la novela, la crítica de la originalidad y la autoría y aun la adopción de una pose discursiva ahistoricista, pueden verse como «contusiones» directamente provocadas o agudizadas por ese diálogo. Si examinamos la trayectoria del pensamiento macedoniano y la cronología de sus *Teorías* cabe observar, al menos en la forma fragmentaria en que han llegado hasta nosotros, que la teoría estética, la novelística y la humorística son posteriores a 1920, en tanto que la eudomonología, la teoría de la higiene, del valor y del Estado son anteriores a esa fecha[16]. En cuanto a los escri-

---

[16] En cuanto a la reorientación del discurso macedoniano en los años veinte, recordemos algunos datos: en 1920 muere su esposa, Elena de Obieta, pérdida que desarraiga la vida de Macedonio, que

tos metafísicos, recopilados por Adolfo de Obieta en el tomo octavo de las Obras Completas, observamos que el periodo más intenso de escritura metafísica (1907-1908) es anterior al diálogo con Borges y la generación vanguardista, y que el volumen de dicha escritura decae tras la publicación de *No toda es vigilia* en 1928. Algunos de los rasgos que suelen considerarse distintivos del discurso macedoniano —liminografía, nomadismo, ahistoricismo, inscripción del autor y del lector— se dan de manera muy tenue o no se dan en absoluto en los escritos metafísicos anteriores a 1920. Éstos entran en general dentro del discurso filosófico: escasean en ellos las bruscas salidas de tono y descarrilamientos o injertos discursivos que proliferan en *No toda es vigilia*. Así, es posible postular que en esta obra Macedonio reescribe su metafísica en una clave retórica diferente, a partir de una estética de la dislocación y el «descompás», más acorde con la sensibilidad vanguardista, así como más o menos por la misma época reescribe *Adriana Buenos Aires*, que de trasnochada novela sentimental pasa a presentarse como irónica «mala» novela para hacer pareja con la «buena» novela anti-narrativa y anti-literaria —*Museo de la Novela de la Eterna*[17].

Ahora bien, en ambos casos es posible sugerir que en ese desplazamiento estilístico hay un motivo más profundo que el deseo de sintonizar su discurso con el gusto vanguardista o de ponerse estéticamente «al día». Mi hipótesis es que ese motivo habría que buscarlo en un deseo de diferenciarse de Borges, que muy pronto empieza a alejarse de la estética de las vanguardias y, lo que es más relevante, empieza a competir con Macedonio en una lúcida articulación de la metafísica «en viaje» hacia el discurso literario en sus ensayos de los años veinte, algunos de los cuales, como «La nadería de la personalidad» o «La encrucijada de Berkeley», se presentan explícitamente como «escritos metafísicos [...] pensados a la vera de claras discusiones con Macedonio Fernández» (*Inquisiciones*, 160). Así, la formulación en *No toda es vigilia* de un nomadismo discursivo, una liminografía o discurso del afuera, puede considerarse como efecto de un deseo de rivalizar con Borges en el deslindamiento de un espacio fronterizo, en los márgenes de la literatura. Cuando Macedonio anota en uno de sus cuadernos: «Bor-

---

al poco tiempo pasa de provecto abogado y *pater familias* a su figuración más conocida de escritor vagabundo, sin oficio ni domicilio fijo. En 1921, Borges regresa de Europa y traba estrecha amistad con Macedonio (amistad heredada del padre de Borges, compañero de estudios universitarios de Macedonio), a quien introduce en los círculos de la vanguardia porteña, en varios de cuyos proyectos y manifestaciones ambos colaboraron decisivamente.

[17] Examino más detalladamente esta cuestión en Prieto (2002: 77-109). En cuanto al proyecto de la «doble novela» macedoniana véase el capítulo que cierra el presente volumen.

ges dice No soy poeta. Es mucho decir; ¿se cree tan excepcional?» (9, 20), es casi palpable la inquietud de que Borges, que por entonces empieza a descollar como uno de los escritores más brillantes de su generación, acapare la excepcionalidad, ocupe el margen del campo cultural —los bordes u orillas de la Poesía, el afuera de la Literatura, o el «entre» Literatura y Metafísica— *antes* que él, o de modo más eficaz o duradero.

En apoyo de esta hipótesis cabe aducir el hecho de que en *No toda es vigilia* no todo es liminografía y nomadismo discursivo: algunos de los textos que la integran corresponden al modo monodiscursivo, más ortodoxamente metafísico, característico del periodo anterior a 1920. Es posible rastrear en *No toda es vigilia* las huellas de dos estilos de escritura, dos modos de producción del discurso macedoniano, que oscila entre la interioridad de una escritura privada como inscripción «mnemónica» del pensamiento y distintos grados de «exteriorización» o proyección hacia la publicación de obras específicas. El primer modo, «interior» y monodiscursivo, predomina en los textos metafísicos anteriores a 1920; el segundo, «exterior» y transdiscursivo, en los posteriores, y particularmente en *No toda es vigilia*, donde con todo son visibles los vestigios del modo «interior», como por ejemplo en esta descripción de la función mnemónica de su escritura: «hablo y escribo aquí para mí, no porque necesite hablar, palabras, para pensar, sino para estimularme y para guardar signos de evocación, para volver a pensarlo. [...] Y esto lo digo también para mí, para recordarme luego la razón de anotar y escribir» (8, 315). El modo interior de escritura «para mí» está determinado por un vector epistemológico asociado a una retórica de claridad explicativa que está en consonancia con las premisas de su metafísica, tal y como declara en uno de los textos de 1908: «Metafísica es el temperamento que se inclina persistentemente a pensar que puede llegarse a la más plena y clara explicación de la esencia y la existencia de la Realidad» (8, 48). A este modo interior corresponde una neutralidad o «frialdad» como método de investigación propia de los discursos epistemológicos, como señala en otro de los textos de 1908: «la única indicación psicológica para la mayor eficacia de toda investigación es: la frialdad, es decir: el "interés" sin "emoción"» (8, 158). En el modo exterior de escritura «para otros», el vector epistemológico de la claridad explicativa entra en fricción con un vector estético que, en parte por una voluntad de distinción en cuanto al modo neoclásico de la escritura borgeana, se decanta por una retórica del «confusionismo», la «mala» escritura y la ilegibilidad. Esta retórica confusionista de la digresión, la errata (o de esa singular invención macedoniana: el paréntesis «de un sólo palito»), se tematiza en una nota metadiscursiva de *No toda es vigilia*: «Si nos hemos encontrado, lector, desde el principio, ya estamos en confianza como para que no hagáis caso de paréntesis confundidos; son erratas que pueden acertar, y las sitúo al azar, por si aclaran cuando en lo oscuro se hace aún más oscuro. Intrincadísimo hállome aquí, lector: aquí pueden erratas, más que autores» (8, 316). En el modo exterior de la escritura macedoniana se diría que lo «frío» entra en fricción con lo «caliente», para evocar un texto de 1944, «Verdades pedantes frías y verdades calientes»: el discurso metafísico se recalienta y arde en llamaradas místicas, líricas, humorísticas o ficcionales. La hipótesis que propongo, en suma, es que la ilegibilidad del discurso del afuera macedoniano no se explicaría únicamente como resultado de un pensamiento «en marcha», inscrito a medida que se va produciendo[18], sino también y quizá más decisivamente en *No toda es vigilia*, como resultado de un proceso de revisión y reescritura que obedece a razones históricas y estéticas. En ese proceso juega un papel determinante la escritura de Borges como antagonista o «punto de fuga» desde el cual se recorta, a partir de los años veinte, el singular perfil discursivo de la metafísica de Macedonio y por lo demás su proyecto de escritura excéntrica, invisible y «desencuadernada» —su teoría y práctica de la escritura como acto de desaparición.

---

[18] En cuanto al «escribir pensando» como factor determinante del discurso macedoniano, véanse Camblong (2006: 33-38) y Attala (2009a).

2.

(Con)fines de la filosofía*

La filosofía aún avanza demasiado en línea recta
y demasiado poco en círculos.

FRIEDRICH SCHLEGEL

«Codear fuera a Kant es lo primero en metafísica», aconseja desde el título un breve texto de 1930 que podemos tomar como declaración de principios *sui generis* del heterodoxo proyecto filosófico de Macedonio Fernández (8, 347). Lo primero que llama la atención en ese proyecto es que no tanto se define a partir de una exclusión de Kant de la reflexión filosófica (por el contrario, éste recurre como asiduo antagonista en los polémicos argumentos macedonianos) cuanto de un traslado de la metafísica *fuera* del discurso filosófico ejemplarmente representado por la figura de Immanuel Kant. En contra de lo que recomienda esa beligerante exhortación preliminar, Macedonio no expulsa a Kant de la filosofía: es él quien, con criolla cortesía —o con prudencia de «no existente» caballero—, cede su asiento y discretamente se marcha. Macedonio hace siempre honor a un lema que resume su pensamiento y su manera de estar en discurso: «En casa estar por el lado de afuera» (9, 54). En cierto modo, lo que propone es una filosofía en forma de «brindis inasistente», para evocar una de sus más singulares invenciones discursivas:

siéndome imposible la presencia, por causas misteriosas que nada tienen que ver con la falta de puntualidad de la planchadora en traerme la camisa recién planchada ni con la perversidad del objeto: el botón que se ha corrido debajo de la cama, sino con una puntualidad de faltar adherida a mi vida con misteriosa inherencia, os ruego disculpéis mi inasistencia (4, 70).

---

* Una versión previa de este capítulo apareció como «El saber (no) ocupa lugar: Macedonio Fernández y el pensamiento del afuera», en Daniel Attala (ed.), *Impensador Mucho: ensayos sobre Macedonio Fernández*. Buenos Aires: Corregidor, 2007, pp. 105-146.

En este capítulo se explora esa inasistencia o traslado a las afueras de la filosofía que distingue el pensamiento de Macedonio Fernández, especialista en ausen-
tamientos y «perdedumbres» (8, 331) —en verdad, un pensamiento del afuera[1].
Si abordamos ese pensamiento por su vertiente más visible, *No toda es vigilia la de los ojos abiertos* —la punta emergente del vasto iceberg de su meditación filosófica, en su mayor parte sumergida no sólo por su condición de inédita sino por venir incrustada en discursos más o menos alógenos, en inestable
contubernio con la ficción, el humor, la teoría política, la autobiografía o la poesía—, observamos que desde el principio hay un proyecto de decir «afuera» o
decir «entre», de desenmarcar y dislocar el discurso filosófico. Como *La gaya
ciencia* de Nietzsche, *No toda es vigilia* empieza en verso y acaba con una can-
ción: las consideraciones «editoriales» se dan en forma de poesía —una veinte-
na de versos libres que entreveran efusiones líricas y tesis metafísicas— y un
desconcertante epígrafe presenta el texto filosófico como escritura sin género
—«Arreglo de papeles»— firmada por un personaje de ficción —«un personaje de novela creado por el Arte, Deunamor el No Existente Caballero». El texto se cierra con la «Compensación» del «canto de la señora de la casa» (8, 342-
343) y un comentario «crítico-místico»: «ese largo cantar, un obsequio de aire
y Tiempo [...] canto para mecer ("expresar" es mucho pretender) su situación
[...]. *Suave encantamiento y placer-dolor de instante de / Vida a desrumbo*» (énfasis del autor). De hecho esa estrategia interdiscursiva recurre a lo largo de *No
toda es vigilia*, que el propio Macedonio define en un cuaderno de 1927-1928
como «una lírica de doctrina» (*Museo*, 327) y que tentativamente podríamos
describir como una extraña mezcla de metafísica, ficción, mística, poesía, discurso amoroso y humorístico que entre otros momentos memorables incluye la
demostración de la inexistencia de la causalidad en el mundo fenoménico y el
encuentro ficcional de Thomas Hobbes y Arthur Schopenhauer con el no menos ficticio filósofo de barrio Macedonio Fernández en el Buenos Aires de mil
novecientos veintitantos.

    ¿Cuáles son, en efecto, las credenciales con que Macedonio hace su aparición
en 1928 en la escena de la especulación metafísica? *No toda es vigilia* no tarda en

---

[1] Aunque el nombre de Macedonio no desentonaría en la lista de pensadores del afuera que
propone Michel Foucault —Hölderlin, Nietzsche, Mallarmé, Artaud, Bataille, Klossowski, Blanchot—, aquí exploraré la noción de «pensamiento del afuera» en un sentido algo distinto al que le
asigna el filósofo francés —i.e. la radical exterioridad o «experiencia desnuda» del lenguaje como
rasgo distintivo de la literatura en sus formas más genuinas—. Aquí y en lo sucesivo, salvo indicación contraria, las traducciones al castellano de fuentes consultadas en otros idiomas son mías.

aclarar este punto: «Diga que sé silbar y que soy entendido en procedimientos de belleza femenina, y que entre los astrónomos, aunque sean cordobeses, con toda la ventajita de sus ingentes aparatos, no me veo rival como guitarrista» (8, 235). Ahora bien, ¿cómo leer un discurso filosófico cuyos títulos o saberes consistirían en saber silbar, tocar la guitarra y ser experto en cosmética femenina? ¿Qué hacer con la guitarrología o astronomía silbada de un filósofo-*esthéticien*? Demoremos en lo posible un perplejo y más que justificado encogimiento de hombros. Veamos si, paso a paso, mediante una aproximación tangencial, a partir de recorridos concéntricos, podemos esbozar algunas propuestas que contribuyan a desenredar la espiral —el incesante caracoleo— del discurso macedoniano. El pensamiento de Macedonio, como la legendaria carta que le dirigiera al filósofo norteamericano William James, se escribe «en inglés y francés» (8, 238): continuamente cambia de «idioma» o terreno discursivo, y ello no tanto por falta de conocimiento de los idiomas o territorios salteados como por una voluntad de desarraigar el pensar, de verlo actuar a la intemperie, en los linderos e hiatos interterritoriales. Pensamiento que revolotea sin acabar de posarse en ninguno de los lugares discursivos prescritos —Filosofía, Literatura, Política, etc.— y sin dejar de calar hondamente en algunos de sus problemas cardinales —naturaleza del ser, del yo, del conocimiento; cuestión de la originalidad, de la autoría, de la autoridad—. Por otra parte, *No toda es vigilia* es un texto notorio por algo que se podría describir como un «humorismo de los límites», que otorga protagonismo a una serie de fintas paratextuales. La alusión a los capítulos repetitivos, que no avanzan, la «Conclusión» como aberrante ex-prólogo desplazado, la intervención «autorial» del tipógrafo, el «capítulo de aplomo» o el «tono de solución» como ventajoso sustituto de la solución e indispensable recurso del aparato argumentativo (8, 231), son algunos ejemplos de esa liminografía cómica.

Así, el primer rasgo distintivo del pensamiento macedoniano es su formulación salteada y asistemática: el desorden, la ilegibilidad del estilo corresponden a una determinada concepción del pensar que, como en la lectura que hace Althusser del marxismo como pensamiento del afuera —de lo que queda a espaldas de la filosofía—, rehúye la deformación sistemática de los fenómenos al ser traducidos a la totalidad de un sistema —operación inherente según Althusser al «lugar» que llamamos filosofía (1995: 152-159)—. En la medida en que se parte de una concepción del mundo fenoménico como libre de todo orden o causalidad —«El Ser no tiene ley, / todo es Posible» (8, 229)—, la forma desordenada del pensamiento macedoniano puede explicarse por un deseo de fidelidad a su objeto, de no hacer violencia al desorden del mundo. El decir «urgente, borroneado» corresponde a la tesis de la falta de «perfil» y «unidad» de la conciencia y del mundo (8, 373) —i.e. a su radical *informalidad*—. Posiblemente eso también explique su rechazo de lo que Althusser llama «objetos filosóficos» —objetos específicos del discurso filosófico, necesarios a la operación de interiorización y «puesta en orden» del mundo—, que Macedonio desdeña como «fantasmas de invención por concepción» (8, 407). En este sentido, el objeto del pensamiento macedoniano es, estrictamente, el *afuera* del discurso filosófico: su proyecto es acceder a la inmediatez de la experiencia fenoménica (siempre puesta en peligro por el acercamiento del discurso, por todo intento de captación o intelección), lo que le lleva a una desconfianza ante el aparato conceptual de la filosofía y, como vimos en el capítulo anterior, a un desinterés por su historia. Algo que está probablemente en consonancia con su predilección por las paradojas: el desorden e hibridez del discurso —su «ilegibilidad»— están directamente relacionados con la formulación de una paradoxografía —i.e. una forma de discurso orientada a poner de manifiesto la contradictoriedad del mundo, a contracorriente del programa clásico de la filosofía que se propone cancelar la contradictoriedad de los fenómenos a partir de un sistema consistente que «dé razón» del mundo (Althusser 1994: 157)—. La propuesta de una paradoxografía es por cierto una de las fructíferas lecciones que Borges aprende de Macedonio, si bien el uso de la paradoja en Borges es de distinto signo. La paradoxografía borgeana es fundamentalmente agnóstica, sirve para mostrar la imposibilidad del conocimiento; en Macedonio, por el contrario, está al servicio de su «crítico-mística»: es una forma de acercamiento al ser. Conocer la contradictoriedad es conocer el ser del mundo fenoménico, que para Macedonio tiene las cualidades de la fantasía: libre asociación, creatividad, ausencia de toda ley —la fantasía es para Macedonio «la mejor y más substancial categoría que puede calificar al Ser» (8, 244).

Primer círculo: contra las metafísicas de la representación

En cierto modo, lo que encontramos en Macedonio es un pensamiento que, como dice Althusser a propósito de Marx y Gramsci, se da como «práctica constante de una filosofía que no se quiere escribir» (1994: 174). La crítica del discurso filosófico no tanto equivale a un abandono del pensamiento cuanto a la búsqueda o invención de una nueva «práctica filosófica»: una filosofía en negativo, de tanteo, que progresa a base de descarrilamientos, cortes, *non sequiturs* y paradojas. En otras palabras, lo que propone Macedonio, antes que una metafísica, es un «metafisiqueo» —un «rasgueo del pensar» (4, 89)—. «Payador teórico» (como justamente lo llama Tamara Kamenszain), su pensamiento avanza desviándose, dejándose llevar por las posibilidades de su instrumento, rasgando todo discurso y, en un sentido radical, rasgándose a sí mismo.

Aunque por sus inflexiones idealistas[2] —su «almismo ayoico», que niega la materia, el tiempo, el espacio y la causalidad— es difícilmente compatible con el materialismo dialéctico de Marx, el pensamiento de Macedonio presenta afinidades con dos nociones cardinales del pensamiento marxista vinculadas a un abandono o dislocación de la filosofía: la idea de praxis o acción y la noción de ideología —el planteamiento de la correlación saber/poder y la consiguiente crítica de los lugares en que arraiga y se manifiesta—. Macedonio, que presenta *No toda es vigilia* como un «alegato pro pasión contra el intelectualismo extenuante», propone una práctica filosófica anti-intelectualista que desborda el campo especulativo y se orienta hacia la acción «altruística» de la Pasión, de darse a otro como «obra vivida» (8, 232). El pensamiento macedoniano tiende al desgarro: se da en la forma del «rasgueo», ofrece continuas salidas o desgarraduras y apunta en última instancia a una acción ética radical: un abandono del discurso y una entrega sin límites a lo ilimitado —a la Pasión—. En una de sus vertientes más visibles, ese pensamiento propone una metafísica neorromántica, entre el discurso amoroso, filosófico y místico —tres modos de crítica del yo—, que opone a la plenitud de conocimiento de la «obra vivida» una devaluación del Arte, la Ciencia, la Literatura, la Filosofía, la Política y sus obras lastradas de intelectualismo: «la Pasión, con su Acción (que es máxima, sobre toda obra, como sus obras vividas son perfectas sin comparación con las obras siempre vacilantes del Arte y del Pensamiento) [...] es sin límites en poder y en conocimiento» (8, 232). Macedonio sustituye la acción política de Marx por la acción pasional como salida del discurso filosófico, y en este sentido se aleja del racionalismo marxista —si bien en la raíz de ambas acciones habría un común sustrato ético, que concibe la metafísica como trabajo *práctico* antes que como saber, como una cierta forma de poder al servicio de la Pasión: «No creo que la Metafísica sea el placer directo de una explicación: es un trabajo que tiene el placer reflejo de una perspectiva de poder; es un poder lo que se busca; un poder directo del amor: que éste pueda ser causa inmediata [...] en el mundo mecánico, en el mundo de

---

[2] Habida cuenta de su negación del sujeto, la noción de idealismo como reducción del ser de lo real a la idea o concepto no acaba de hacer justicia a este pensamiento: más exacto sería tal vez hablar, como sugiere el propio Macedonio, de un «psicorrealismo» (8, 417), o bien de un «nominalismo de la afección» (8, 379). En un texto de 1908 Macedonio advierte tempranamente contra la descripción de su metafísica como un «idealismo» (8, 60).

apariencia material» (*Museo*, 33)—. En uno de sus cuadernos inéditos Macedonio observa: «Si el saber no sirve tampoco sirve saberlo» (*Cuaderno de 1939*, 19). La metafísica macedoniana comparte con el pensamiento del afuera marxista la tendencia al abandono o superación de la *interpretación*, así como la noción de *transformación* del mundo. De hecho, la vida y la escritura de Macedonio abundan en acciones e intervenciones utópicas en que coexisten en distinto grado política, teoría y ficción, desde la aventura juvenil de emprender junto a algunos condiscípulos universitarios la fundación de una colonia saint-simoniana en una isla del Paraguay hasta el proyecto sociopolítico de la Ciudad-Campo (3, 186) o su humorística candidatura a la presidencia de la República Argentina, un proyecto de política-ficción en el que la propaganda electoral se confunde con la escritura del *Museo de la Novela de la Eterna*, en cuyo capítulo IX el protagonista —el Presidente, trasunto ficcional de Macedonio— emprende, en efecto, la conquista de Buenos Aires «para la Belleza y el Misterio» (200). Lo que estas acciones tienen en común es una profunda reflexión crítica sobre los lugares y figuras del poder/saber —Autor, Presidente, Estado, Novela[3].

Las consideraciones precedentes permiten situar la Metafísica de la Afección macedoniana en un espacio intermedio entre lo que Bertrand Russell llamara «filosofías prácticas» (Marx, Bergson y los pragmatistas norteamericanos William James, John Dewey, Charles S. Peirce), que privilegian la acción en detrimento del conocimiento, y las «filosofías del sentimiento» (1945: 792), que o bien ofrecen un programa de redención o prueban su imposibilidad, en la línea de Schopenhauer, Nietzsche, Kierkegaard, Unamuno o Heidegger[4]. Todas estas filosofías tienen en común el partir de una crítica de la representación y un virulento anti-intelectualismo. En particular, el pensamiento de Macedonio presenta numerosos vínculos con un discurso contemporáneo asociable a esas modalidades de *Lebensphilosophie*: lo que se podría denominar «discursos del flujo», discursos vitalistas que reaccionan contra los efectos deformadores del *logos* sobre el flujo de la realidad fenoménica. Bergson, William James y, en el ámbito rioplatense, además de Macedonio, Felisberto Hernández y Carlos Vaz Ferreira

---

[3] Sobre el cruce de política y ficción en el pensamiento macedoniano, véase Piglia (1986: 123; 1988).

[4] En su «Descripcio-metafísica», ensayo publicado en la revista *Sustancia* en 1942, Macedonio vincula su pensamiento a esa línea filosófica: «entiendo que Heidegger denúnciase metafísico de la Afección-Subjetividad, progresando después de Kierkegaard y Schopenhauer» (8, 370). En el mismo ensayo se refiere también a Bergson y William James entre aquellos que han sentido la «inanidad de la Metafísica de la Representación» (ibíd.).

son promotores asiduos de este discurso, que informa buena parte de la filosofía y la literatura de las primeras décadas del siglo XX. Las afinidades discursivas entre Macedonio Fernández y Felisberto Hernández —su reivindicación de una «mala» escritura, por ejemplo— tienen mucho que ver con la idea bergsoniana de que el discurso lógico de algún modo impide o falsifica el pensamiento, concebido, en la célebre fórmula de William James, como *stream of consciousness* (1976: 63). La desconfianza macedoniana ante la fijeza de las ideas encorsetadas en un discurso lógico es notablemente afín a la que se infiere de la metáfora del cinematógrafo que Bergson expone en *La evolución creadora* (1907), donde equipara la mera intelección lógica a una operación «mecánica» (1941: 305). Macedonio comparte a su vez con el filósofo uruguayo Carlos Vaz Ferreira la inquietud que éste expresa en *Fermentario* (1938) ante la violencia implícita en la legibilidad del discurso filosófico, así como el interés por los estados «fermentales» del pensamiento «antes de la letra» —por «el psiqueo» antes de su cristalización lógica (1962: 15)[5]. De ahí el peculiar programa filosófico propugnado por Vaz Ferreira: «escribir las dudas; los modos de no entender (en lo que se pueda)» (ibíd.: 17), que coincide notablemente con la estrategia discursiva de Macedonio: «Hago libro con lo pensado hace años, con lo que percibí claro recién ayer y con lo que indago aún mientras escribo la página. [...] los libros deben ser trabajo a la vista, provienen de un hombre que *como todos* tiene muy pocas, casi ninguna verdad profunda, plenamente poseída» (8, 355).

SEGUNDO CÍRCULO: MACEDONIO Y HEIDEGGER

En 1927, un año antes de la aparición en Buenos Aires de *No toda es vigilia la de los ojos abiertos*, Martin Heidegger publica en La Haya *Ser y tiempo*. En principio resultan evidentes las divergencias entre estas obras: mientras *Ser y tiempo* estudia la diferencia entre esencia y existencia, y habla de la finitud, temporalidad y mortalidad del ser, *No toda es vigilia* explora la indiferencia entre materia y espíritu —o entre lo físico y lo psíquico, o entre realidad y (en)sueño— y postula la infinitud e inmortalidad del ser —así como, paradójicamente, su *inexistencia*—. Al monumental tratado de Heidegger, al desarrollo sistemático y estructurado de la

---

[5] Aunque Macedonio le envió un ejemplar de *No toda es vigilia* al autor de *Lógica viva* (1920), la huella de Macedonio en Vaz Ferreira (o la de éste en Macedonio) parece menos significativa que la de Bergson y William James en ambos.

argumentación según las convenciones del discurso filosófico, se opone la comedia y mojiganga de la salida a escena de Macedonio —así como sus raudas e innumerables salidas *de* escena, de tono, de discurso—. Ahora bien, *Ser y tiempo* no
sólo es una obra monumental: también es una obra inconclusa. Y aunque no faltan motivos circunstanciales para explicar esa inconclusión[6], hay quien ve en ella
el síntoma de una quiebra del lenguaje filosófico que anunciaría el cambio de
rumbo del pensamiento heideggeriano en su segunda etapa —su orientación hacia un abandono de la filosofía—.[7] Al fin y al cabo, ya en las declaraciones progra-
máticas de *Ser y tiempo*, en la descripción del plan general de la obra, se anuncia
como propósito central de ésta una «destrucción» de la metafísica en cuanto «historia de la ontología» (63) —destrucción que justamente constituiría la segunda
parte del proyecto de *Ser y tiempo*, nunca escrita como parte de esta obra, si bien
llevada a cabo desde presupuestos distintos en textos posteriores como «Superación de la metafísica» (1936), *Camino del lenguaje* (1959) o «El fin de la filosofía y
la tarea del pensar» (1961).

En la medida en que apunta a un desplazamiento de la metafísica, el desarrollo del pensamiento heideggeriano presenta interesantes puntos de contacto con
el de Macedonio. Para empezar, al igual que se puede hablar de un «primer» y un
«segundo» Heidegger, también es posible —y aun indispensable para calibrar en
su justa medida este pensamiento— hablar de un «primer» y un «segundo» Macedonio. Si es posible hablar con respecto al segundo Heidegger de un abandono
del sistema filosófico formulado (a la vez que más o menos truncado) en *Ser y
tiempo* y de un creciente desvío del discurso filosófico por rutas poéticas y místicas, esa creciente hibridación discursiva tiene más de un elemento en común con
el modo en que se da el pensamiento macedoniano a partir de *No toda es vigilia*.
En efecto, como apuntamos en el capítulo anterior, la trayectoria del pensamien-

---

[6] Heidegger nunca llegó a escribir la segunda parte del proyecto inicial de *Ser y tiempo*, truncado por motivos que en cierto sentido tendrían que ver no tanto con un abandono sino con la *ocupación* de un lugar filosófico: la cátedra de filosofía de la Universidad de Friburgo, que Heidegger
se aseguró con la publicación acelerada de *Ser y tiempo* siguiendo el consejo de Edmund Husserl, a
quien sucedió en dicha cátedra. El arraigo en el lugar es fundamental en el pensamiento heideggeriano, lo que de alguna manera no es ajeno a su adhesión al nacionalsocialismo en 1933 en su cali-
dad de rector de la universidad. En este sentido es notable la distancia entre Heidegger y Macedonio, que nunca detentó posición oficial alguna como profesor, autoridad académica o especialista
en filosofía, y por el contrario encarna a la perfección la figura del pensador privado, *amateur* y pe-
ripatético —en continuo «cambio de domicilio» (4, 42).

[7] Véase, por ejemplo, Stellardi (2000: 147).

to macedoniano experimenta a partir de los años veinte un progresivo abandono del discurso filosófico, cuya primera manifestación es *No toda es vigilia*[8].

Así pues, *Ser y tiempo* y *No toda es vigilia* comparten la condición de textos limítrofes que marcan un determinado cambio de rumbo en el discurso de sus respectivos autores —textos de encrucijada donde coexisten la afiliación al discurso clásico de la filosofía y una tendencia al abandono de ese discurso—. Aunque en ambos casos el cambio de rumbo se puede explicar a partir de razones internas al desarrollo de sus respectivos pensamientos[9], en el caso de Macedonio hay que tener en cuenta el papel que tuvieron en esa reorientación ciertos factores extrínsecos —a saber, el intenso contacto a partir de 1920 con los discursos de la vanguardia artística y literaria y, en particular, el fructífero y tortuoso diálogo intelectual con Jorge Luis Borges, iniciado por esos años.

Por otra parte, se diría que en el segundo Heidegger, a diferencia de lo que ocurre en el segundo Macedonio, persiste una voluntad de localización del pensamiento —«En el pensamiento no hay método ni tema sino región [*die Gegend*]» (1993: 178-179)— y que un cierto ritmo incantatorio, una suerte de «letanía» y un «duelo» específico, como sugiere Giuseppe Stellardi (2000: 135), otorgan continuidad a sus excursiones místicas y poéticas. A la monótona «grisura» del duelo heideggeriano se oponen la risa de la paradoja y la peculiar arritmia del discurso macedoniano —o más precisamente, la abrupta alternancia de la risa y el duelo, el brusco descarrilamiento discursivo que es uno de los rasgos más notorios del segundo Macedonio, lo que dificulta su adscripción a este o aquel discurso—. Mientras el pensamiento de Heidegger arraiga y queda por así decir paralizado en el duelo del umbral, en una imposibilidad de abandonar del todo el lugar de la filosofía, el singular júbilo del pensamiento macedoniano se caracteriza por el vaivén, por un constante entrar y salir, un continuo cruce o entrecruzamiento de umbrales.[10] Si Heidegger rasga el discurso filosófico por la vertiente del discurso poético y místico, Macedonio lo corta por múltiples vertientes: no sólo escribe un discurso filosófico «cruzado» de mística, ficción, poesía, humor —*No toda es vigilia*— sino, sobre todo a partir de los años veinte, textos de ficción, poesía, humor, mística, estética veteados de metafísica —*Mu-*

---

[8] Es significativo que en «Autobiografía. Pose Nº 1», texto publicado en la *Gaceta del Sur* a los pocos meses de la aparición de *No toda es vigilia*, Macedonio describe el trueque de discurso que representa esta obra como cómico paso o «mudanza» no a la Filosofía sino a la Literatura (4, 84).

[9] Para una lectura de Macedonio en esa línea, véase Attala (2004).

[10] Ana Camblong invoca oportunamente la noción de «umbralidad» en su monografía sobre Macedonio: «una umbralidad que no se resuelve sino que potencia el enigma de los límites» (2003: 378).

seo de la Novela de la Eterna, «Elena Bellamuerte», *Papeles de Recienvenido y Continuación de la nada*, «Poema de trabajos de estudios de estética de la siesta», etc.—. Por lo demás, el desvío poético-místico ciertamente emparenta los proyectos de Heidegger y Macedonio: ambos comparten una desconfianza ante la metafísica de la representación y no sólo proponen una experiencia mística de aniquilación de la realidad sino una afirmación o inmersión en ella —una cancelación de toda discontinuidad o «inaquiescencia» con el mundo fenoménico (8, 49)—. Ambos entran a la reflexión filosófica por la vía de la crítica de la metafísica, de la negación de un más allá de la experiencia fenoménica —digamos, por la fenomenología de Husserl[11] o por la psicología pragmatista de William James; digamos, respectivamente, por *Ideas para una fenomenología pura y una filosofía fenomenológica* (1913) o por *Ensayos sobre el empirismo radical* (1912)— y «salen» de ella (la superan o la continúan de otra forma) por la vía de un desplazamiento del discurso especulativo-analítico hacia el discurso místico y poético. En este sentido, la crítico-mística macedoniana se orienta a un fin análogo a lo que Heidegger llama «des-velamiento» —literalmente, una *a-letheia*, un pensar que contrarreste el «olvido» del ser en la metafísica de la representación (1936: 388)—. En Heidegger, como en cierto modo en Macedonio, hay una peculiar vía mística: propuesta de un pensar que haga «claro» en la espesura del ser, que posibilite el acceso a una claridad por vías no representacionales o metafísicas —el *Lichtung* que sería la tarea del pensar post-filosófico heideggeriano (2003: 86-87) o lo que Macedonio formula en estos términos: «La Conciencia o Persona es un continuo; posee claridad, es un real claro. El Mundo también es claro. [...] O sea: todo lo metafísico es un error de impresión conciencial. El *estado místico*, que es el estado de plena verdad [...] es poseído por todos los que no llegaron a metafísicos y es recuperado por todos los metafísicos que llegaron a la claridad» (8, 405)—. Por lo demás Macedonio, que impugna «la Discursividad (axiomas, principios de razón, primeros principios, legitimidad de la generalización, inducción, deducción)» (8, 408) como mera «interjectiva del estado metafísico» (8, 361), describe favorablemente la tarea del pensar post-filosófico heideggeriano y sus poéticas o neológicas *façons de parler* como «labores de forzar menudamente a Acepción la Interjección» (8, 370); labor o tarea a la que tiene poco que envidiarle el ingenio neologístico macedoniano, del que dan fe fór-

---

[11] En su «Descripcio-metafísica», Macedonio nota la concordancia del principio rector de la fenomenología de Husserl con sus propios planteamientos —«Husserl se privilegió de conseguir para sí un Fenómeno exento de supuestos: un lector así es el que me conviene» (8, 367)—, si bien es de suponer que no coincidiría con su punto de destino —el «ego trascendental».

mulas como «almismo ayoico», «todo-psiquidad», «todoposibilidad», «altruística», «dudarte», etc.

Así, una posible pauta de navegación del pensamiento macedoniano es leer
en él una mística de la exterioridad, una develación o «reconocimiento» de la
plenitud de la cotidianidad fenoménica tal como se nos aparece: no habría un
más allá, un interior o cosa-en-sí, un secreto o esencia incognoscible (llámese
noumeno kantiano o *voluntad* schopenhaueriana, para invocar dos referencias
metafísicas asiduas en su discurso). Para Macedonio todo lo que existe, *ex-iste*:
«es» fuera de lugar —todo lo que es, es en éxtasis—. Una de las tesis centrales de
su almismo ayoico o «fenomenismo inubicado» (8, 59) sostiene que en el mundo fenoménico no hay lugar: no hay lugar desde el que pensar el lugar. Sujeto y
objeto están fuera de sí —el objeto en el sujeto que lo percibe, el sujeto en el objeto percibido—, lo que equivale a cancelar las nociones de afuera y adentro: «tal
es toda la Realidad [...] ni exterior ni interior, ni material ni psíquica, ni espacial
ni temporal» (8, 43). El ser o el mundo es sin límite, noción en que se funda-
mentan dos proposiciones aparentemente antitéticas: «No hay ningún reborde
del Ser por donde caer a la nada» (8, 331) y «El Ser no existe» (8, 373). Macedonio se distancia explícitamente del *Dasein* heideggeriano —«justamente me
aleja mucho de él su "Estar-en-el-mundo"» (8, 370)— a partir de una crítica radical del lugar: al existencialismo del aquí opone un existencialismo del aquí-no
—o, si se prefiere, un inexistencialismo del aquí: «ostensibilismo inexistencialis-
ta» (8, 377)—. Antes que a Heidegger, a lo que más se asemeja esta descabalada
ontología es, por un lado, a la «experiencia pura» de William James (1976: 4) y,
por otro, al empirismo de Hume, si bien lo que Macedonio deduce de este estado de cosas es una conclusión contraria a la del filósofo escocés: en vez de un
melancólico escepticismo, una eufórica afirmación de la «todoposibilidad» del
ser y de su ilimitada cognoscibilidad. En términos de teoría del conocimiento,
Macedonio propone una suerte de epistemología minimalista: tiende a reducir
la *intellectio* a *imaginatio*, de modo que todo para él es imaginación o afección:
«la psiquis es sensación-imagen y nada más» (8, 83). Toda intelección es una
imaginación espuria y a su vez toda imaginación se da en última instancia en
términos de afección —i.e. es ilusorio todo lo que no es experiencia de placer o
displacer más o menos intensa; la imagen sería aquello que tiende al grado cero
de intensidad afectiva, no algo cualitativamente distinto de la sensación sino un
tipo de sensación con mayor capacidad de reproducción psíquica: «el grado de
evocabilidad o reviviscencia de las sensaciones está en razón inversa de la afecti-
vidad de éstas. [...] aquéllas susceptibles de mayor intensidad grata o dolorosa

son las de más difícil evocación» (8, 144)—. De ahí que Macedonio no sólo distinga entre sensaciones e imágenes sino también entre sensaciones actuales y «reviviscencias»:

> ésta es toda la contextura psíquica y quizá es también toda la Realidad, llámesela exterior o interior, material o espiritual, el Ser metafísico, el Fenómeno. Ellas son lo único que hay en la Conciencia y quizá en el Mundo, ya se presenten como sensaciones actuales o como imágenes, reviviscencias. [...] Ideas, juicios, creencias, emoción del «recuerdo» (diferente de la imagen recordada), reconocimiento o memoria, concepción, representación, resolución, acto, atención, emoción, sentimiento, pasión, instintos [...] cuando no son agrupaciones de esas sensaciones o reviviscencias, ellas son meras palabras (8, 139).

Lo que propone, pues, es una paradójica metafísica de la sensibilidad y la contingencia —«Sensibilidad de Perdedumbre y Permanencia» (8, 331) llama Macedonio al ser—, que afirma el conocimiento como pura experiencia afectiva del fenómeno y, en última instancia, niega la razón de ser de la abstracción. El paradójico objetivo de la metafísica macedoniana sería demostrar su inutilidad y promover su abandono —una salida de la razón contemplativa hacia la experiencia pura: hacia la acción de la Pasión, hacia lo radicalmente fuera de lugar.

Tal vez sea esta concepción de la metafísica como *ouróboros* —como artefacto o criatura que se devora a sí misma— la que explica (sin olvidar los factores extrínsecos antes aludidos) el paulatino abandono de la escritura propiamente metafísica a partir de los años veinte, su contaminación y desplazamiento hacia otros discursos. En el intervalo —mínimo intersticio o cósmica expansión— que media entre el abandono de la metafísica y otros modos de articular el pensamiento se despliega la escritura post-filosófica de Macedonio. Aunque la validez de una idea no depende de que su formulador la encarne mejor o peor en su vida, es inevitable en este caso el comentario biográfico, dado que en Macedonio la vida es indisociable de la teoría. Lo curioso, entonces, es que si a partir de los años veinte se puede describir a Macedonio como «filósofo cesante», como lo llama Horacio González, si a partir de esa época su escritura está abandonando continuamente la metafísica —sin llegar nunca, por tanto, a abandonarla del todo[12]—, su biografía propone a la vez un caso ejemplar de abandono —de la

---

[12] En un gesto que retrata esa paradójica cesantía continua, Macedonio titula unas fragmentarias anotaciones metafísicas en uno de sus cuadernos inéditos, fechado en 1939: «Opiniones de un metafísico hasta antesdeayer» (4).

metafísica, de la literatura, de los réditos de la figuración cultural— y de espectrales retornos o reapariciones. Después de todo, Macedonio publica *algunos* de sus escritos; escribe algo que se parece vagamente a la filosofía o a la literatura; y ese algo se escribe continuamente. Si hay algo que nunca abandona Macedonio es la escritura, y en ese sentido la figura que componen su vida y su pensamiento no sugiere tanto un completo abandono del lugar cuanto una propuesta de *otro* lugar a través del abandono. Al fin, la salida de la metafísica a la pasión se verifica sobre todo como *pasión de escritura* —como escritura que, apasionadamente, en el nomadismo, en la paradoja, en el extravío, propone un *estilo*: una forma única, inconfundible, de pensar, de ser en discurso.

De este modo, el paralelismo con Heidegger vuelve a ser instructivo. En el «Diálogo sobre el lenguaje entre un japonés y un investigador», texto incluido en *Camino del lenguaje* (1993), se lee lo siguiente:

J: Un sitio es la metafísica.
I: ¿Y el otro? Lo dejamos sin nombre (138).

Como en Heidegger, el abandono o desvío de la metafísica permite caracterizar el discurso macedoniano como un «discurso sin nombre» —como pensamiento «por venir», cuyo nombre aún no se sabe—. Ahora bien, si Heidegger propone la ficción productiva de *otro* pensamiento —un pensamiento no representacional, utópico, venidero: inexistente y tal vez imposible— justamente para aproximarse a la formulación de un discurso genuinamente «filosófico», en Macedonio la utopía errante, el no-lugar del «otro» pensamiento sirve para pasar de la metafísica a la ficción, no menos que de la ficción a la metafísica, esto es, para ficcionalizar la metafísica y «metafisiquear» la ficción, lo que hace que la ubicación discursiva de Macedonio, a diferencia de la de Heidegger (o de la de Borges, para citar otra escritura que se juega en el intersticio entre filosofía y literatura y que es indispensable para leer esta vertiente del discurso macedoniano), sea mucho más elusiva, si no radicalmente indecidible. Al fin, no es casual que al poco de la aparición de *Ser y tiempo* el nombre de Heidegger sea invocado como paradigma de la metafísica moderna por Rudolf Carnap en su polémico ensayo «Superación de la metafísica» (1932). En efecto, si Heidegger *hace* metafísica diciendo que la abandona o que la supera, Macedonio dice hacer metafísica abandonándola, de hecho, mucho más decisivamente; si Heidegger «supera» la metafísica para poder seguir haciendo filosofía de otro modo, Macedonio disloca lo que llama metafísica —en realidad, un proyecto que describe mejor el término «crítico-mística»— para salir de la filosofía: «Ciencia y Filosofía son Apercepción; Metafísica es Visión» (8, 63). En la medida en que su escritura propone un múltiple tejido de abandonos y perdedumbres —en la medida en que en ella no sólo se abandona la metafísica por la literatura, el humorismo o la mística sino que, a su vez, la literatura o la mística son abandonadas por la metafísica, la lírica por el humor, la ficción por la política, etcétera—, en Macedonio no sólo hay un pensamiento sin nombre, sino una literatura, un humorismo, una mística, una política «por venir», cuyos nombres están en manos del futuro.

TERCER CÍRCULO: LA SUPERACIÓN DE LA FILOSOFÍA

En el capítulo anterior vimos cómo tanto Borges como Macedonio formulan proyectos de escritura «en viaje» entre filosofía y literatura —cómo compiten por definir a su modo ese entremedias, teniendo muy en cuenta las rutas y modelos de traslación propuestos por el otro—. Así, un ensayo como «Nueva refutación del tiempo» puede leerse como una parodia de *No toda es vigilia*, en el sentido en que decimos que *Don Quijote* es una parodia de los libros de caballerías —esos otros libros de «inexistentes caballeros»—. La tendencia borgeana a subsumir la metafísica en la literatura (y aun en una de sus formas más oscuras y marginales en la época en que escribe), según la célebre proposición de que la metafísica es «una rama de la literatura fantástica», apunta a un «fin de la metafísica»: el gesto borgeano es curiosamente afín a propuestas aproximadamente coetáneas como la de Rudolf Carnap, uno de los filósofos más destacados del Círculo de Viena, para quien la asimilación de la metafísica al arte sería el signo de su irrelevancia en el discurso filosófico moderno[13]. Ahora bien, el vaivén discursivo del pensamiento macedoniano puede verse como apertura a una continuación alternativa del proyecto filosófico de la modernidad, como productiva renovación, por una vía distinta de la «superación de la metafísica» que proponen el positivismo lógico de Carnap y la filosofía analítica de Frege, Russell y Moore, de la figura del «fin de la filosofía», que ha generado algunos de los discursos más influyentes de la filosofía moderna y contemporánea, desde Nietzsche y Marx a Heidegger, Derrida y Lévinas. En esa misma orientación anti-metafísica se incardina el *Tractatus logico-philosophicus* de Wittgenstein, cuya célebre proposición final vale la pena recordar, por lo mucho que comparte con la concepción macedoniana del discurso

---

[13] Véase Carnap (1967: 338-339).

—de todo «Hablar» literario o metafísico— como «errata del Silencio» (4, 54): «De lo que no se puede hablar, hay que callar». No estará de más observar que en Wittgenstein, como en Macedonio, la tendencia a un místico abandono del discurso —y específicamente del discurso metafísico— no lleva a una cancelación sino a un desplazamiento: de la proposición final del *Tractatus* Wittgenstein pasa (bien es cierto que tras un lapso de una década de abandono de toda actividad filosófica) a la escritura de las *Investigaciones filosóficas*, como Macedonio pasa de la crítico-mística de *No toda es vigilia* a la metafísica fragmentada, sacada de quicio, de *Papeles de Recienvenido y Continuación de la Nada* y de *Museo de la Novela de la Eterna*.

Si la evasión del campo filosófico es uno de los rasgos distintivos de la filosofía moderna, o al menos de una de sus corrientes principales, resulta evidente la posibilidad de leer un discurso filosófico en la escritura de Macedonio Fernández, y en particular en lo que hemos llamado el «segundo» Macedonio, sin hacerle demasiada violencia a esa escritura —al menos no más de la inherente a toda lectura—. Ahora bien, si es posible leer un discurso filosófico en la escritura macedoniana —un discurso inscribible en el quicio auto-crítico de la modernidad— dos preguntas surgen de inmediato: ¿cuál sería el contenido de ese discurso? y ¿cuál sería su valor? Quien primero se planteó la pregunta sobre el valor del pensamiento macedoniano fue Borges, y su respuesta, como vimos, es notoriamente ambigua. Si el valor de ese pensamiento para Borges estaría en *volver a pensar* —repensar y descubrir «ciertas cosas eternas» (1961: 122)—, su singularidad se solaparía con su posible desleimiento o invisibilidad en la historia de la filosofía —pues ¿cual sería la relevancia de un pensamiento que se limitara a reiterar el de Hume o el de Schopenhauer en Buenos Aires «hacia mil novecientos veintitantos»?—. Aunque hasta cierto punto es difícil disentir del juicio de Borges según el cual el valor de este pensamiento no habría que buscarlo en sus contenidos, es posible y aun aconsejable disentir de su conclusión. Si el valor del pensamiento macedoniano no reside tal vez en sus contenidos, si hasta cierto punto es problemático afirmar que este discurso «contiene» filosóficamente algo[14], ese valor no consistiría tanto en una inconsciente repetición o redescubrimiento de enunciados previos sino en la estrategia discursiva —en la singular

---

[14] En una sintomática ecuación de lo «sabido» y lo «contenido» en un discurso, Macedonio observa a propósito de *No toda es vigilia*: «mi primer libro [...] no contuvo de sabido sino cuáles y cuántas eran mis preguntas» (4, 90). No obstante, esto no equivale a cuestionar que este pensamiento proponga ideas y desarrollos singularmente valiosos y originales: equivale, simplemente, a poner en duda la articulación filosófica de esas ideas y desarrollos en cuanto *sistema de saber*.

postura textual— desde la que se emiten esos enunciados. Lo que equivale a afirmar que el estilo del pensamiento macedoniano no sólo posee valor en sí mismo sino, específicamente, que su valor *filosófico* reside en gran medida en la invención de un modo de posicionarse ante lo que se enuncia, un cierto modo de escamotear las posiciones: en la exploración, en suma, de una cierta *insostenibilidad* del discurso filosófico, que consecuentemente se decanta por la incontención y apunta a una radical incontenibilidad o exterioridad —tanto a un afuera del discurso como a un discurso del afuera.

En este sentido, es revelador observar cómo responde el propio Macedonio a la pregunta sobre el valor de su pensamiento. Aunque su discurso tiende siempre a restarle importancia a la «novedad» de las ideas y a desdeñar todo intento de inscripción histórica de éstas, sus escritos metafísicos tardíos proponen algunas delimitaciones significativas. En «Verdades pedantes frías y verdades calientes» (1944), uno de los últimos textos metafísicos que publicó, sugiere que el valor de su pensamiento está en su *manera* de exponerlo: «Sé que hago metafísica poco académica; mi total maestro William James no la hacía poco ni mucho y después de él ya no se puede ser original en metafísica no académica que ya quedó inventada; soy sólo una manera de exponerla» (8, 380). En «Descripcio-metafísica» (1942) afirma análogamente el valor de una manera filosófica —la de Heidegger— para sugerir implícitamente el valor de la suya propia, que comparte con aquél el gusto por el fraseo «de tanteo»: «Heidegger es enteramente nuevo en su franco y vario recurso a las frases de tanteo, de suscitación aproximativa. [...] así que yo no traigo una tan desamparada novedad en mis preferencias, si no pensamientos, en metafísica» (8, 370).

El discurso macedoniano es consistentemente *a-thético* o antitético, de ahí su problemática legibilidad o valoración dentro del discurso filosófico clásico. No es que falten en la escritura de Macedonio regiones —tal vez más frecuentadas por el primer Macedonio que por el segundo— que se entregan con singular alacridad a la formulación y argumentación de proposiciones teóricas. Es que con el discurso macedoniano ocurre lo que con esos cielos primaverales donde por un lado hace sol y por otro está lloviendo: es un discurso que se presta al arco irisado de las aporías. Si por un flanco o región textual hay presencia, por otro llueve ausencia; si por un lado destella la risa, por otro arrecia el duelo; si por un lado se dice «continuidad», por otro se sospecha «descompás»; si por acá brilla la creencia, por allá se nubla de incredulidad; si por ahí hay espíritu y plenitud, por aquí hay cuerpo y perdedumbre; si por allá hay posibilidad, por acá hay límite. En otras palabras, se trata de un discurso que propende a efectos de difracción e irradiación paradójica del sentido, más allá del hecho de que ciertas regiones del mismo —tal vez más frecuentadas por el segundo Macedonio que por el primero— se focalicen en el cultivo y extracción de perlas aporéticas. En la teoría del conocimiento de Macedonio subyace la idea de que el momento crítico del pensamiento no está en la demostración o afirmación de una tesis sino en la duda o migración entre varias posiciones discursivas —i.e. en un momento de éx-tasis o potencial salida del *logos*—. Esto lo sintetiza, como no podía ser de otro modo, en una lúcida paradoja: «Nada puede decirse de algo que no sea otra cosa» (8, 306), o sea, nada puede ser «representación de otra cosa» (ibíd.), lo que se dice de algo, dice otra cosa —o más exactamente, no dice: *es* otra cosa—, luego toda tesis está fatalmente corroída por un déficit de eficacia referencial —por la diferencia entre lo que dice y el ser que dice representar—. De ahí que, literalmente, todo lo que puede decirse de algo es *decir* otra cosa: toda tesis implica la formulación de otra. Para Macedonio la decantación por una tesis, entonces, no equivale tanto al hallazgo de una verdad cuanto a un abandono o desistimiento del pensar —cuando no a una suerte de simulacro o pasajera *dolencia* de la que uno se despoja como de un traje usado tan pronto como sale de una situación de «razonabilidad»: «Ese hombre, aquí, tiene mucha razón, llévenlo a su casita y al punto "se le pasa"; adolecemos el tener razón en el mundo; en casa nos curan. Aquí (diario, cátedra, libro, calle) tengo razón; en casa "se me pasa"» (9, 28).

En cierto modo, aunque este «dudarte» del pensamiento (3, 235) abre la brecha de un abandono del discurso que Macedonio propugna tanto en sus escritos (pseudo)metafísicos como en los (pseudo)novelísticos, se diría que justamente *para no dejar de pensar* Macedonio salta de una tesis a otra, de un discurso a otro, lo que explica tanto su escritura continua —el hecho de que, en contra de lo que aconseja su crítico-mística, nunca abandone el pensamiento o su escritura— como su indiferencia por publicar lo que escribe. A la crítica macedoniana del «tener razón» corresponde una práctica que se podría condensar en la expresión coloquial inglesa *to keep in mind*, literalmente, un mantener el mundo y el discurso «en mente», suspendidos en el no-lugar del pensar: una constante vigilancia contra la reificación del pensar en saber, contra la acumulación o sedimentación del pensamiento en uno u otro territorio (llámese Filosofía, Sujeto o Lenguaje), ya que «[l]a Vida no se funda en el Saber» (9, 64). De ahí que a la sabiduría tradicional que decreta que «el saber no ocupa lugar», Macedonio oponga la sospecha socrática de que «el saber *siempre* ocupa lugar» y el consiguiente lema de que el pensar debe *desocupar* el lugar —resistir la tendencia a

encastillarse, a refugiarse y hacerse poderoso en alguna plaza fuerte o círculo de
saber, y si no rehuir el lugar (lo que en última instancia es imposible) cuando
menos asediarlo, hostigarlo, denunciarlo—. En efecto, Macedonio sugiere que
el saber teórico, como conjunto de verdades organizadas en sistema, es siempre
una falacia o ilusión de saber en la medida en que sería fenomenológicamente
incongruente —i.e. en la medida en que no habría en la experiencia un lugar o
«estado conciencial» donde depositar o reunir las verdades de un saber concebido estrictamente como «experiencia pura» del fenómeno:

> Se decía antes, popularmente: El saber no ocupa lugar. Esto es sabio prácticamente,
> quizá; también se afirma que lo inmaterial no sigue la ley del espacio, no ocupa lu-
> gar. Pero no es así: todo estado conciencial pone un límite a la presencia simultánea
> de otros estados; todo estado atencional actúa en una zona secundada por desaten-
> ción. Lo que en el espacio no puede ocupar el mismo lugar, en la conciencia se com-
> porta equivalentemente: los estados tienden a no poder ocupar el mismo instante
> conciencial (9, 181).

El saber, para Macedonio, sería la pereza o fracaso del pensar, su interludio o
entreacto, aquello en lo que se *delega* para no tener que pensar, como sugiere en
la fabulosa e irónica versión de sí mismo que ofrece en *No toda es vigilia*: «"En el
barrio de él, Macedonio Fernández, a quien me refiero", dice Hobbes redivivo,
"goza confianza de haber resuelto el problema metafísico, y es tanta la seguridad
del vecindario, que ya nadie estudia allí metafísica; se ha delegado en él saberlo
todo en este tópico"» (8, 253). El único saber reconocido por Macedonio es el
saber vivido: «Se es tan instruido como largo sea lo ya vivido, y el saber que no
adquirimos con vivir es en su mayor parte palabrerío, memorismo de palabras
sin eficiencia» (9, 188). De ahí que considere la superioridad del pensar práctico de la gente común sobre el pensar teórico de los intelectuales:

> el pensar como piensa la gente común en cada caso, directamente y no sentándose a
> meditar, es quizá superior, pues los intelectuales no piensan cantidad de hechos en
> que la gente común repara. La gente sencilla estudia todos los aspectos bajo la esti-
> mulación del momento actual, de la presentación práctica de cada problema, y no
> estudia dolores de estómago sin tener dolor de estómago, para curarlos a los otros, y
> la inteligencia trabaja más fecunda y fácilmente con la ayuda de la estimulación de
> las emergencias de cada momento (9, 21).

En consonancia con la idea de William James de que nuestras experiencias de conocimiento son intrínsecamente *tendenciales* (1976: 34) —en un sentido tanto epistemológico como ético—, Macedonio privilegia el «pensar para hacer» en detrimento del «pensar para saber»: el pensar ético, y una cierta ética del pensamiento, mina los cimientos del pensar epistemológico y obstruye su consolidación en sistema de saber —en filosofía—. La filosofía en Macedonio, al igual que en Emmanuel Lévinas, es desarraigada por su vertiente ética, etimológicamente vuelta del revés: no ya «amor de saber» (*philo-sophia*) para saber, sino «saber de amor al servicio del amor» (1974: 207). O bien, como se lee en uno de sus cuadernos inéditos, deviene pensamiento suspendido entre la filosofía y la ficción: «El amor es un inmenso conocer, dijo la Dama» (*Cuaderno de 1939*, 15).

PENÚLTIMO CÍRCULO: MACEDONIO Y LA DECONSTRUCCIÓN

Esto nos lleva a otro recorrido, el último que consideraremos aquí —el saber, como la escritura, ocupa lugar y el de este capítulo empieza a escasear—: ¿habría una «vuelta» de la deconstrucción en el caracoleante discurso macedoniano? En la medida en que propone una liminografía —i.e. en cuanto discurso que tiende a abjurar de las posiciones y articula un múltiple cuestionamiento de los límites (entre filosofía y literatura, entre sujeto y objeto, entre autor y lector, entre teoría y práctica, etc.)— el pensamiento macedoniano esboza una suerte de proto-deconstrucción, si por deconstrucción entendemos la estrategia de «perturbar las violentas jerarquías de las oposiciones binarias», según propone Druscilla Cornell (1992: 40), o bien «el intento de localizar un no-lugar, o un lugar no filosófico desde el que cuestionar la filosofía» (Critchley 1992: 29)[15]. Asociar la tesis macedoniana del almismo ayoico con la fórmula paradigmática de la deconstrucción —«no hay afuera del texto» (Derrida 1967: 233)— puede parecer arbitrario, habida cuenta de la notoria resistencia a la textualidad que caracteriza el discurso macedoniano —y de las frecuentes expulsiones o salidas más o menos forzosas que proponen sus textos, cuando no se da el caso de que bloquean directamente toda entrada—. ¿Cómo leer, en efecto, un pensamiento del afuera que *niega el afuera*? Ese vínculo empieza a hacerse más verosímil si entendemos la máxima derridiana en un sentido afir-

---

[15] En cuanto a las afinidades y divergencias entre Macedonio y Derrida, véanse Lindstrom (1978) y Prieto (2002: 156-162).

mativo, esto es, no como ausencia extra-textual —negación del autor, del sujeto, de la verdad o el sentido, etc.— sino como atribución de la cualidad de ilimitada legibilidad a la totalidad del ámbito fenoménico: atribución de la cualidad de disposición a la significación —o más exactamente, al continuo
diferimiento del sentido que hace aquélla posible—. Así, la afirmación de que
todo lo que hay, desde la perspectiva de la experiencia humana, es una infinita
red significativa —la afirmación, en otras palabras, de que el ser es abismal-
mente sémico— no es muy lejana de la tesis macedoniana de que todo lo que
hay es una suerte de continua e ilimitada trama psíquica. Pues, ¿qué atributo
más distintivo podría asignarse a lo psíquico, por oposición a lo físico (cuya
existencia es recurrentemente refutada por Macedonio), que su *orientación sé-
mica*, su estar volcado y abocado a la significación? «No hay afuera del texto»
—como la proposición complementaria: «No hay afuera del contexto»— es un
postulado de filiación fenomenológica; quiere decir: no hay *noumeno*, no hay
Voluntad, no hay cosa-en-sí, no hay trascendencia. «Texto» en cuanto «contexto» equivale a «la totalidad de la historia-real-del-mundo» y la tarea de la deconstrucción es «el esfuerzo de tener en cuenta este contexto ilimitado» (Derrida 1990: 252). Derrida dice que el mundo es un texto o contexto *sin borde*, y
Macedonio que «[n]o hay ningún reborde del Ser por donde caer a la Nada».
En cierto modo, la noción post-estructuralista de «texto» como radical co-exis-
tencia del autor y el lector —carentes, por ende, de toda existencia trascendental o extra-textual— sería el mejor paradigma del almismo ayoico. De ahí, tal
vez, la frecuencia con que Macedonio inscribe la figura del lector en su discurso y la recurrencia en éste de las paradojas de la escritura-lectura, categorías que
para Macedonio constituyen un tejido tan inconsútil como las de sujeto y objeto o las de conciencia y mundo. La abrupta inscripción del autor y el lector,
así como el tratamiento ficcional de estas figuras —autores leídos, lectores ima-
ginados abundan tanto en *No toda es vigilia* como en sus textos más presunta-
mente narrativos—, apuntan a la ficcionalidad de todo «yo» —tanto el del autor Macedonio Fernández como los de sus presentes y futuros lectores—,
operando como una suerte de mecanismo textual de disolución del sujeto concordante con la tesis del almismo ayoico.

   De lo precedente se puede inferir una notable concordancia entre la metafísica y la estética macedonianas —o más exactamente, entre su teoría del ser y su
teoría de la novela—. Más difícil es conciliar su ética o «altruística» —su teoría
del humor y su discurso amoroso— con su metafísica. En efecto, es posible ver
cómo la liminografía macedoniana, su práctica discursiva de deconstrucción del

límite, pone en juego una noción —la de límite— que su metafísica se propone refutar y erradicar. Es posible, también, ver cómo esa voluntad de negación del límite está en la raíz de su altruística y de su crítico-mística como cancelación, respectivamente, del límite intersubjetivo y del límite entre conciencia y mundo. No es tan fácil, en cambio, sostener *simultáneamente* ambas tesis —ambas estrategias de cancelación del límite— sin mutua contradicción. ¿Cómo conjugar la teoría de la Pasión con la tesis del almismo ayoico? ¿Cómo serían posibles el humor, el amor y el deseo —encuentro, roce, conocimiento de otro— sin presuponer el límite, distancia o tensión del yo? Acaso como proceso de desenmascaramiento o traslación del yo, como re-unión o des-cubrimiento de una identidad común olvidada o «a-percibida»; pero en tal caso, preguntaríamos aún, ¿por qué no amamos a *todo* el mundo? Dicho de otro modo: si en última instancia el «otro» es, como «yo», una ilusión, un error de percepción, ¿cómo sabríamos, en la pasión, que nuestro conocimiento es de «otro» y no del mundo? ¿Qué permitiría entonces seguir distinguiendo entre mística y pasión, o qué diferencia habría entre unión mística —deseo de comunión con la cosa o ser del mundo— y unión amorosa —anhelo de comunión con otro sujeto? He ahí uno de los nudos gordianos del pensamiento de Macedonio. Ese nudo aporético es notoriamente resistente: no se deshace, a mi modo de ver, considerando la metafísica y la ética macedonianas como vías paralelas o alternativas de destitución del sujeto, puesto que esas vías se intersectan continuamente en su pensamiento —metafísica y ética se dan *a la vez*, se implican mutuamente en la *Weltanschauung* macedoniana—. Si la metafísica se da *como ética* —si la metafísica es «saber para hacer», saber orientado a la acción de la Pasión—, la cuestión que no deja de retornar es: ¿cómo se mueve en la Pasión el yo previamente destituido por la crítico-mística? Tendríamos, por un lado, una metafísica cuya realización hace inasequible la acción ética a la que se orienta y, por otro, una inscripción ética cuya realización hace superflua la reflexión metafísica mediante la que aquélla se piensa o se inscribe.

Este nudo paradójico está íntimamente ligado a otra pregunta, que en términos derridianos se podría formular así: ¿cómo conciliar al Macedonio «gramatólogo», que ensalza las virtudes de ausentamiento o impresencia de la escritura y se entrega a ella sin cesar, con el Macedonio «fonocéntrico» que continuamente incita a salir del discurso, del texto, a escuchar o decir la plena voz de la Pasión? ¿Cómo conciliar el recorrido deconstructivo con el recorrido místico o neorromántico de este pensamiento? O, para plantearlo de otro modo, ¿sería posible, como sostiene Simon Critchley, una «ética de la deconstrucción»? En cierto modo, el hecho de que Macedonio *no* abandone el pensamiento por la Pasión, su eterno retorno al discurso —tal vez porque en última instancia no es posible salir, porque no hay afuera del texto— tiene consecuencias decisivas para ese discurso, cuya «exteriorización» es posible ver como manifestación *en* la escritura, *en* el discurso, del imperativo ético a abandonarlo. En este sentido, su problema es análogo al de Emmanuel Lévinas: ¿cómo pensar o decir la exterioridad del ser, la experiencia radicalmente ética de la Pasión, desde el infranqueable, inabandonable continuo de la (con)textualidad o «todo-psiqueo»? El discurso macedoniano está recorrido por una tensión análoga a la que plantea Lévinas entre el Decir (*le Dire*) y lo Dicho (*le Dit*) (1961: xviii y 266), entre el Decir como exposición o acercamiento al otro, como acción ética, experiencia o pasión de la exterioridad y lo Dicho como proposición, contenido o saber del discurso, donde el Decir como «residuo ético» del lenguaje, experiencia radical de puesta en relación con otro, corre siempre el peligro de ser «traicionado» —o más exactamente, no puede dejar de serlo— por lo Dicho, por el saber del discurso como mecanismo de reducción de la alteridad y producción de lo mismo (ibíd.: 27)[16]. Si el Decir ético no puede ser Dicho, entonces la única posibilidad de una discursividad ética —y ésta sería la ética de la deconstrucción— es *des-decirse*, deconstruir lo Dicho, volver a pensar el límite de lo que se dice y lo que se sabe. El pensamiento macedoniano tiende a adoptar la forma de un decir que no dice nada a la vez que dice y piensa la nada de lo dicho. Macedonio dice sin decir: «Por ahora no escribo nada; acostúmbrese» (4, 29), o bien: «El no decir nada por primera vez será conciso; hasta ahora siempre necesitó volúmenes» (*Museo*, 97). Discurso, entonces, de «retozos de no decir nada» (*Museo*, 330), pensamiento «de las personas que nada han escrito» (*Museo*, 307) que a la vez afirma y niega la inscripción ética de una

---

[16] Macedonio sostiene que «la todo-psiquidad [...] admite la pluralidad de psiques como única exterioridad de existencia» (8, 417), proposición que coexiste de manera problemática con ésta otra: «donde quiera que alguien se reconoce a sí ése eres tú, y lo que nunca se reconoció, nunca existió, es el 'otro', el no-tú» (8, 331). Estas dos proposiciones son irresolublemente contradictorias, a menos que entendamos la primera como afirmación de la absoluta *exterioridad* del otro en el sentido levinasiano —i.e. como apertura a la infinitud de la experiencia ética—. La alteridad sería el afuera *constitutivo* de la experiencia humana: aquello que la hace posible y a la vez es imposible conocer o experimentar, aquello que constituye su sentido y su ilimitado enigma. En otras palabras, la otredad es *in-alterable* y por tanto rigurosamente «inexistente» en cuanto experiencia fenoménica de una conciencia: nunca se reconoció, nunca existió el «otro». La conciencia nunca puede serlo de otra conciencia y, sin embargo, *se debe* a la «huella» de esa exterioridad: ser consciente es, en un sentido radicalmente ético, ser imposiblemente —infinitamente— para la otredad.

«nada de decir» (4, 54). En Macedonio, humor, ética y metafísica están aporéticamente anudados y en ese sentido el mayor logro de su pensamiento quizá no sea tanto *No toda es vigilia* como «Continuación de la nada». Por esta vertiente el «dudarte» del pensamiento macedoniano tiene mucho en común con el proyecto (post)filosófico de la deconstrucción tal y como lo ponen en práctica Derrida y Lévinas, esto es, como «filosofía de la vacilación y la indecibilidad» (Critchley 1992: 42) en un sentido radicalmente —y paradójicamente— afirmativo. Derrida toma la proposición final del *Tractatus* y le da la vuelta, la *recorre* deconstructivamente: donde Wittgenstein dice «De lo que no se puede hablar, hay que callar», Derrida dice: «la deconstrucción dice sí a lo innombrable» (1972: 29). Ése es su imperativo ético y su sentido afirmativo más radical: de lo que no se puede hablar, *no* hay que callar. O bien: *hay que pensar lo innombrable*. Ése sería, también, el «indeleble momento utópico» de la deconstrucción (Cornell 1992: 8), tal y como la formulan Derrida y Lévinas, esto es, como estricta «experiencia de la aporía»: «la experiencia de la aporía [...] da o promete el pensamiento de un camino, incita a pensar la misma posibilidad de lo que aún permanece impensado o impensable —en verdad, de lo imposible» (Derrida 1986: 132).

Entre estos dos imperativos éticos se juega el pensamiento de Macedonio Fernández: entre el imperativo de abandonar el discurso por la acción radicalmente ética de la Pasión y el imperativo de no dejar de pensar, de decir el intermitente límite de ese necesario e imposible abandono[17]. Si aceptamos la hipótesis de Wittgenstein según la cual «si alguien pudiera escribir un libro de ética que realmente fuera un libro de ética, ese libro haría explotar todos los libros del mundo» (1965: 7), se diría que el pensamiento macedoniano, a falta de un abandono del discurso, *implosiona*, se autodesgarra en un proyecto de dicción ética que interrumpe el decir filosófico y desplaza a la propia textura de su despliegue esa explosión que imagina Wittgenstein. Proyecto cuya singularidad y extrañeza quizá fuera provechoso contrastar en detalle con la ética deconstructiva que pone en práctica Lévinas en *Totalidad e infinito* (1961) y especialmente en *De*

---

[17] No otro es el dilema que se fabula en el *Museo de la Novela de la Eterna*. De su protagonista se dice en uno de los prólogos: su «única vocación por la meditación del Misterio [...] hace frustrarse no sólo su contento del éxito de la Acción sino su intento de ser capaz del todo-amor» (69); y más adelante: «tuvo la ineptitud de no poder amar a la Eterna sin pensarla, sin presentársela místicamente o sea como imposible con el ser, porque el ser es inintelectualizable» (147). En efecto, ese *alter ego* macedoniano constata que «todo lo que pienso y emprendo no es más que un mísero "tratamiento" de la incapacidad de pasión con remedios de empresa y pensamiento» (130).

otro modo que ser (1974). Pero ése es otro recorrido que sólo podemos dejar aquí esbozado. Quedémonos por ahora en la promesa de comienzo de esta encrucijada: la aporía es el camino de lo imposible. Por ese utópico lindero avanza con inconfundible paso, hasta perderse de vista, la aventura de vida y pensamiento de Macedonio Fernández.

3.

El etcétera en pintura

[...] metafísico negador de la existencia del Yo,
astillero de enhiestos planes políticos.

JORGE LUIS BORGES

Hacia 1920 Macedonio concibe un extraño proyecto que se dedica a promover durante varios años, aunque en cierto modo sus sombras se prolongarán hasta el fin de sus días: su candidatura a la presidencia de la República Argentina y, vinculada a ella, la ejecución de una «novela salida a la calle» (*Museo*, 14). Se trata de un proyecto de política-ficción que ha dejado rastros significativos en el disperso archivo de los papeles macedonianos, así como en la obra de algunos cómplices del mismo —Jorge Luis Borges, Leopoldo Marechal y Enrique Fernández Latour, entre otros—, y que tanto por su vertiente política como ficcional se caracteriza por su inconclusión. El *Museo de la Novela de la Eterna,* que en más de un sentido puede verse como la actualización fallida y recurrente, en sucesivas versiones, de la «novela salida a la calle», se propone como novela «definitivamente inacabada» en la versión póstuma que ha llegado hasta nosotros: «La dejo libro abierto: será el primer "libro abierto" de la historia literaria» (253), advierte el autor en un paradójico «Prólogo final». La ejecución de la campaña presidencial es mayormente clandestina y errática, y hasta hoy deambula en una región nebulosa entre la historia y la mitología de Buenos Aires. Según Enrique Fernández Latour, coetáneo de Macedonio y cómplice del proyecto, el plan presidencial habría tenido lugar en 1927-1928; Carlos García, investigador de la intrahistoria de las vanguardias hispánicas, desmiente con fehacientes argumentos la versión de Fernández Latour y lo sitúa en cambio en 1920-1922[1]. En efecto, lo que empezó como excéntrico proyecto de candidatura presidencial en las elecciones de 1922 parece haber mutado en campaña de propaganda literaria en el siguiente ciclo electoral, en una época en que Macedonio planeaba dar a conocer varias obras de su autoría, dos de

---

[1] Véanse Fernández Latour (1980) y García (2000: 150-154; 2003), así como Abós (2002: 101-106).

las cuales aparecieron por esas fechas: *No toda es vigilia la de los ojos abiertos* (1928) y *Papeles de Recienvenido* (1929). A estas dos obras habría que añadir otra que nunca llegaría a publicar en vida: el *Museo de la Novela de la Eterna*[2]. Ahora bien, si esta mutación parece fuera de duda, no es menos cierto que en ninguna de sus versiones el proyecto tiene un cariz exclusivamente político o exclusivamente literario. La campaña propagandística macedoniana pone en juego en todas sus versiones una íntima correlación entre ficción y poder. El poder, en un sentido estrictamente político *y literario*, es poder de representación: poder de reproducir y normalizar ficciones en la esfera pública, poder de gestionar los modos en que la realidad es aprehendida y sedimentada como relato en el imaginario colectivo. De ahí que en el *Museo de la Novela* el trasunto ficcional del Autor asuma el título de Presidente. El íntimo nexo que liga la autoridad política y la autoría de ficciones es una de las claves del pensamiento macedoniano «en asuntos literario-políticos», al que se refiere en una carta datable hacia 1927, y en parte explicaría que las acciones propagandísticas emprendidas por esos años, a las que alude la misma carta y de las que dan fe los «sobres-cartas» compuestos por esa época, combinen ambiguamente el discurso electoral y las estrategias publicitarias de la autoría literaria[3].

Por otra parte, la cronología precisa de la campaña presidencial pierde en cierto modo relevancia si tenemos en cuenta la inspiración utópica del proyecto. La lógica de la *ocurrencia* artístico-política de Macedonio implica un doble sentido en virtud del cual el suceso o la ejecución puntual interesan menos que la idea en sí. En una carta a Marcelo del Mazo fechada en abril de 1920 Macedonio se pregunta: «¿Esta campaña presidencial relámpago es un sueño? No, Marcelo; debe ser un acto de "inventiva" tan fino como el de un descubrimiento químico o idea musical» (2, 164). En el proyecto político-ficcional de Macedonio, como suele suceder en el arte contemporáneo, la realización es menos significativa que la idea: el campo de potencialidades que, en este caso, abre la concepción de un plan de movilización de la escritura que la lleva a indagar sus

---

[2] Véanse García (2008) y Abós (2002: 153).

[3] La carta a Fernández Latour en que Macedonio remite a acciones de «propaganda» vinculadas a «mi pensamiento para este año [...] en asuntos literario-políticos» no está fechada pero es datable por alusiones circunstanciales hacia 1927 (García 2000: 153). Entre las acciones que formarían parte de un «previo periodo intensivo de hacer sonar mi nombre, para que se espere algo de cualquier actuación en que yo aparezca como dirigente», se menciona la difusión de «sobres dejados anónima, furtivamente en las oficinas» y la realización de un «acto teatral, teoría de la novela que se vive, presentación de los personajes, etc» (2, 38-39). Para un examen detallado de los sobres propagandísticos, véase Prieto (2002: 64-65 y 258).

afueras —una serie de márgenes o entremedias discursivos: entre política y ficción, entre escritura y *performance* o arte visual, entre literatura y vida—. En otro lugar he examinado en detalle las circunstancias histórico-literarias del proyecto[4]; aquí me detendré en aquéllas que permiten relacionarlo con otras vertientes de la escritura macedoniana donde se ponen en juego cuestiones emparentadas —transdiscursividad, performatividad, utopía—. El sesgo teórico del proyecto político-ficcional macedoniano no implica, por lo demás, desestimar su vertiente histórica. Más bien se trataría de ensayar, a partir de ese sesgo teórico, otro modo de lectura histórica: una lectura del juego de sombras que la invención político-ficcional de Macedonio proyecta sobre ciertas escenas claves del arte y la política del siglo xx. En este sentido, el juego de sombras a explorar aquí sería el que configura la noción de «fin del arte», y la idea complementaria de «crítica de la representación», en cruce con lo que Novalis llamara «menos Literatura» (1989: 381)[5]. Macedonio, ¿precursor de Novalis? El tema daría para otro ensayo o quizá para otro libro[6]. En las páginas que siguen me limitaré a examinar cómo Macedonio actualiza la lacónica intuición de Novalis por medio de una serie de prácticas que sin ser del todo ajenas a lo literario actualizan un «menos» de literatura —el brindis faltante, la colaboración en la *Revista oral*, la campaña novelístico-presidencial, el sobre-carta propagandístico, la «novela salida a la calle»: prácticas que en su productiva cancelación o puesta entre paréntesis de lo literario, en su desplazamiento por vertientes performativas que lo «minorizan», denotan el ascendente romántico de una escritura que por otra parte prefigura algunos recorridos emblemáticos del siglo xx, desde el arte conceptual y el minimalismo hasta el movimiento situacionista y el *performance art*[7].

---

[4] Véase Prieto (2002: 61-76).

[5] La noción de *Minus Poësie* que Novalis introduce en el fragmento 54 de sus «Poeticismos» para designar la prosa, por oposición a la poesía lírica o *Plus Poësie* (1989: 380), recuerda la descripción macedoniana de la prosa como medio expresivo neutro o aséptico, rebajado de su carga estética, cuyo «máximo poder» radicaría, como expone en una carta de 1933 a Alberto Hidalgo, en su «pobreza [y] desnudez discretísima» (2, 93).

[6] De escribirse alguna vez, ese ensayo o libro debería empezar por notar que Macedonio bien podría haberse postulado junto con Maeterlinck como «precursor de Bergson, Boehme, Novalis», como sugiere en un fragmento publicado en la revista *Proa* (nº 4, noviembre 1924) —y por cierto también, con no menos derecho y en un sentido más elemental justamente señalado por Attala (2009b: 78), como «precursor» de Borges, quien verosímilmente toma de esa ocurrencia macedoniana la idea hecha por él famosa en su ensayo «Kafka y sus precursores» (1951).

[7] Los vasos comunicantes que ligan el primer romanticismo y en particular el ideario artístico y filosófico del círculo de Jena con los movimientos vanguardistas del siglo xx podrían sintetizarse

Pero volvamos, por un momento, a la campaña presidencial. En complicidad con algunos amigos y jóvenes escritores de la vanguardia porteña —Borges, Leopoldo Marechal, los hermanos Dabove, Enrique Fernández Latour—, Macedonio traza un plan de propaganda electoral que según el testimonio de Fernández Latour consistiría en

> inundar la ciudad de artefactos de nuestra invención destinados a hacer la vida cada vez más incómoda e indeseable para que, cuando la desesperación llegara al colmo, interviniera Macedonio, todopoderoso restaurador de agrados y placeres y, por eso mismo, anulador instantáneo de toda candidatura rival a la suya a la presidencia de la República (1980: 22).

La nómina de artefactos puestos al servicio de esa estrategia de «histerización» del espacio público incluiría: peines de doble filo, imposibles de asir; escupideras oscilantes, que hacen improbable el acertar en ellas; solapas desmontables contra «solistas» (es decir, solapas que se queden en la mano del pelmazo «solista» cuando éste se aferre a ellas en el intento de persuadir o impedirle la huida a su interlocutor); escaleras asimétricas, donde las dificultades para calcular el ascenso o descenso de cada escalón agoten de cansancio a quienes pretendan subirlas o bajarlas (Fernández Moreno 1982: 566). El capítulo 9 del *Museo de la Novela de la Eterna*, precisamente titulado «La Conquista de Buenos Aires», añade a esa lista otras exasperaciones: «los espejos fijos y delgados que no alcanzan más que para la mitad lateral de la cara [...] la circulación subvencionada de gordos y sordos que estorban en todas partes [...] el chirrido de corchos frotados sobre botellas» (201). El propio *Museo de la Novela*, en cuanto novela diferida por docenas de prólogos que atrapa a su lector en un bucle de lectura-escritura a la vez imposible e inconcluible, podría verse como el último eslabón en esa serie de artefactos exasperantes. En la «novela salida a la calle» descrita en el capítulo 9, la evocación de la campaña de política-ficción de los años veinte se

---

en la noción de *negatividad*: en ese «menos artístico» —la expresión es de Agamben (2006: 10)— que Hegel, en su crítica del romanticismo como época del «fin del arte», caracterizara en sus *Lecciones de estética* como «infinita negatividad absoluta» (1970: 211). En el análisis de Hegel, el arte en la era moderna sería «una cosa del pasado» [*ein Vergangenes*], habiendo quedado reducido a objeto de reflexión: como tal, su futuro sería una suerte de superación del arte en forma de filosofía. La caracterización hegeliana del arte romántico como subjetivismo irónico, que implica la inscripción autorreflexiva del autor en el proceso de creación de la obra, prefigura por lo demás la vertiente de metatextualidad e inflexión teórica de numerosas propuestas vanguardistas y neovanguardistas.

confunde con un trasunto metaficcional del texto que la incluye: una narración cuyo tenue argumento concierne a un grupo de personajes encabezados por un álter ego de Macedonio —el Presidente— que describen una trayectoria de abandono de la «Estancia de la Novela». En la medida en que la *salida de la novela* sería su único argumento, el *Museo de la Novela* en cuanto artefacto histerizador sería *el* artefacto político-ficcional por excelencia —aquél que al contener el plan maestro de la acción de «conquista de la ciudad» tendría la capacidad de *efectivarse* por el doble filo de la acción político-estética y de su narración:

> Mejor sería aún que hubiéramos *efectivado* «la novela salida a la calle» que yo proponía a amigos artistas. Habríamos menudeado imposibles por la ciudad. El público miraría nuestros «jirones de arte», escenas de la novela ejecutándose en la calle, entreverándose a «jirones de vida», en veredas, puertas, domicilios, bares y creería ver «vida»; el público soñaría al par que la novela pero al revés: para ésta su vigilia es su fantasía; su ensueño la ejecución externa de sus escenas (14).

El *Museo de la Novela*, en cuanto texto performativo que reduce la distancia entre acción y narración a un mínimo imposible —en cuanto novela que propone la utopía de una continua *actuación* de lo que narra, i.e., la imposibilidad de continuar el relato salvo en otro lugar, por fuera del «encuadernamiento-de-lo-literario» (124)—, sería un avatar de la ficcionalización del espacio público a la que Macedonio se refiere en la citada carta a Fernández Latour: «Mi pensamiento para este año es uno sólo en asuntos literario-políticos. [...] Mi plan [...] es hacer ejecutar en las calles de Buenos Aires, casas y bares, etcétera, la novela (o sus escenas eminentes, aunque haciendo creer al público que toda ella se está ejecutando)» (2, 38). En cuanto utopía de una narración que continuamente se *efectiva* en acción, cuyo único suceso es una escritura que no deja de ocurrir, el *Museo de la Novela* es un texto cuya publicación no podía ser sino póstuma. Una escritura *en proceso*, en continuo movimiento, escamotea los puntos de *stasis* por los que podría acceder a su publicación, fuera de la muerte del autor o de su activación por vías performativas, «menos-autoriales» —en forma de «menos Literatura».

El proyecto de política-ficción macedoniano propone así una estrategia específicamente novelesca de «menudeo de lo imposible»: una novela cuyo único argumento y cuya única forma de actualización histórica sería la *salida de la novela*. No en vano la conquista de Buenos Aires «para la Belleza y el Misterio» (*Museo*, 200) se presenta, en el epígrafe que introduce el capítulo 9, como suceso de un tiempo imposible en el «interior» del relato: «En el tiempo entre dos expulsiones de Federico que se acerca veinte veces cada día a La Novela desierta»

(198). En este pasaje se perfila una posible definición de lo que entendemos por utopía. En el intervalo de «expulsión» de los relatos, utópico sería aquel suceso cuyo horizonte de expectativas discurre por el improbable límite exterior del sentido. Utopía sería lo que ocurre por fuera del relato —un tipo de narración anómala que no funcionaría como estructura de aprehensión/apropiación de lo real—. El proyecto político-ficcional de Macedonio sería fundamentalmente utópico en esa acepción, y como tal estaría vinculado a otras formas macedonianas de imaginación de «otro» lugar —el proyecto juvenil de fundar una colonia saint-simoniana en una isla del Paraguay, el urbanismo visionario de la «Ciudad-Campo» (3, 184-189), etc.[8]—. En cuanto actualización de ese proyecto político-ficcional, si es posible caracterizar el *Museo de la Novela* como «artefacto alegórico» (Camblong 2006: 41), su singularidad radicaría en lo que en ella habría de *alegoría errática*, en su impredecible capacidad de *hablar en otro lugar*.

El trabajo macedoniano de dislocación de la ficción, su puesta en movimiento por medio de tácticas de errancia «alegórica», concuerda con una serie de prácticas emblemáticas del siglo XX que operan en la intersección de discursos artísticos, filosóficos y políticos. «Hablar en otro lugar» es una estrategia que informa decisivamente (y en cierto modo genera) el campo de operaciones del arte contemporáneo, desde el *ready-made* y el arte conceptual hasta el *happening* y el *performance art*. En el proyecto de política-ficción de Macedonio —y en su escritura en general— se cruzan dos trayectorias emblemáticas de la filosofía y el arte del siglo XX: la superación de la metafísica (en el sentido expuesto en el capítulo anterior), y el desarrollo de una teoría y una práctica de arte conceptual —una práctica artística «no retiniana», para ponerlo en términos duchampianos—. Ese cruce implica un desplazamiento de discursos y disciplinas institucionalizadas —filosofía, literatura, artes plásticas, etc.— que son llevados hacia sus márgenes, hacia sombríos «afueras». En una nota editorial titulada «Lo que se trabaja en las noches de Buenos Aires», aparecida en 1943 en el número 2 de la revista *Papeles de Buenos Aires*, Macedonio observa: «El notorio plástico F. D. S. atarea su inteligencia pensando cómo se podría introducir el 'etcétera' en pintura. ¿Por qué los pintores no le ponen etc. a las patas de una mesa, por ejemplo, es decir, dejan la tabla en el aire con las cuatro extremidades que empiezan?» (14). El gesto de explorar el «etcétera en pintura» (o lo que pudiera ser un equivalente literario de ese gesto) está íntimamente ligado al lema de «codear fuera a

---

[8] Sobre el viaje de Macedonio al Paraguay y el proyecto de fundar una colonia anarquista junto con sus condiscípulos Julio Molina y Bedia y Arturo Múscari, véase Abós (2002: 39-51).

Kant es lo primero en metafísica» examinado en el capítulo anterior. La noción macedoniana del «etcétera en pintura» se deriva de su crítica filosófica, que como vimos se podría sintetizar en una «crítica de la representación». Si como observa Samuel Monder, «la noción de representación, tal como suele ser usada por los filósofos cuando hablan acerca del lenguaje, la mente, o el conocimiento, está obviamente vinculada con metáforas pictóricas» (2007: 110), Macedonio encuentra en el desquiciamiento de esas metáforas y los discursos que las convalidan una táctica específica para desmantelar la representación. El trabajo macedoniano de crítica de la representación se proyecta por vertientes metafísicas, artísticas y literarias que desbordan los cauces usuales de las disciplinas establecidas. De ahí que un proyecto transdiscursivo e intermedial como su campaña presidencial-novelesca sea un lugar idóneo para examinar esta cuestión.

MACEDONIO CON DUCHAMP: SOMBRAS DE READY-MADES TRASLADADAS

Sacar el pensamiento del discurso filosófico es una operación melliza del proyecto de sacar la experiencia estética y narrativa del marco de la pintura y la literatura, escorándolas hacia al terreno de la política. El traslado del pensar hacia márgenes o límites discursivamente sombríos y la dialéctica entre visibilidad e invisibilidad que ese traslado implica son estrictamente análogos al gesto fundador del arte conceptual, el *ready-made* de Duchamp, gesto que determina crucialmente el campo de operaciones del arte contemporáneo. Al fin, ¿qué propondría el arte conceptual sino un traslado del pensamiento y la teoría (sea ésta filosófica, estética, política o literaria) a un terreno donde antes eran impensables? ¿Qué sería el *ready-made* sino, como sugiere Monder a propósito de la escritura de Macedonio, una crítica de la representación por medios «no argumentativos» (2007: 66)? El *ready-made* sería una forma de pensar la visualidad a través de su «enceguecimiento» en la pintura, por medios visuales que hacen tan imposible la pintura como la escritura de Macedonio imposibilita la continuación de la filosofía y la literatura salvo a través de una radical superación de ambas. El gesto macedoniano del «etcétera en pintura» es afín a las inquietudes estéticas de Duchamp: el «notorio plástico» al que alude en su nota editorial bien podría haber sido el sibilino artista francés, conspicuo promotor de «etcéteras» artísticos. El *ready-made*, al igual que los imposibles géneros literarios macedonianos —la tapa-libro, el título-texto, el sobre-carta propagandístico—, desdeña el contenido como lo sobrante en una obra, digno de ser omitido con un indolente «etcétera». De ahí que Macedonio prodigue el gesto de obviar la ejecución de la obra y únicamente «dejar hecho el título» (47), como en uno de los prólogos del *Museo de la Novela*, o en el cuaderno de 1926-1928, donde desdeña «la insípida tarea de rellenar un título y la de demostrar una afirmación» (*Museo*, 320). Análogamente, Duchamp afirmará que «el título es un elemento *esencial* de la pintura, como el color y el dibujo» (Paz 1973: 18).

La hermandad de los gestos de Macedonio y Duchamp se hace patente cuando se cotejan algunas obras compuestas —o en algunos casos simplemente *propuestas*— por los mismos años y en la misma ciudad, sin que por lo que sabemos hubiera ningún contacto directo entre ambos. Dos años antes de que Macedonio pusiera en marcha su peregrina campaña político-ficcional de «conquista de Buenos Aires», Duchamp reside nueve meses en la capital porteña, entre septiembre de 1918 y mayo de 1919. Fruto de esa estancia son tres obras: *Para ser mirado (por el otro lado del cristal) con un solo ojo, de cerca, durante casi una hora* (1918), *Estereoscopía de mano* (1918-1919) y *Ready-made infeliz* (1919)[9]. La primera, ya desde su avieso título, no desentonaría en la nómina de artefactos «histerizantes» que un par de años después Macedonio planeará desperdigar por las calles de Buenos Aires como parte de su campaña presidencial. A propósito de artefactos histerizantes, en el *Cuaderno de 1939* Macedonio anota: «Artistas: el inventor de colmos de Importunación — El extremador de redondeces» (7). Habría, según esto, dos tipos de artistas: los que importunan inventando y los que agradan perfeccionando lo inventado. Macedonio y Duchamp son dos casos notorios del primer tipo de artista. Ingenios «incomodadores», conciben obras anti-placenteras y notoriamente anti-escópicas que ponen en práctica un programa de crítica de la representación. La estética anti-hedonista y el sesgo teórico que implican la exploración duchampiana de lo «no retiniano» y lo «no olfativo» en pintura concuerdan con la crítica macedoniana de las metafísicas de la representación fundamentadas en metáforas pictóricas, así como de las estéticas de lo «culinario» en literatura y arte. En una carta a Pedro Juan Vignale, publicada en la revista *Poesía* en 1933, Macedonio define así el arte «culinario»:

> Llamo *culinaria* a todo arte del *placer-sensación*, y en belarte por eso llamo despectivamente *culinaria* a todas las obras de pretendido arte que recurren a la sensación. Yo niego el compás en música, cuanto más en literatura. Ésta no debe tener ritmo [...] (2, 131).

---

[9] Para un análisis detallado de estas obras, así como en general para la estancia de Duchamp en Buenos Aires, véase Speranza (2006: 37-74).

Para ser mirado... recuerda, aunque sólo sea por la crispación del órgano visual que inflige desde el título (una suerte de torcedura de muñeca óptico-hermenéutica), la estrategia macedoniana de confusión textual: el confusionismo promovido en el espacio urbano por su campaña de política-ficción, su lema de la lectura difícil, su afán, en el *Museo de la Novela*, de propinar «un chichón de lectura en la frente del leer» (100). En ese sentido, resulta curioso encontrar entre los materiales inéditos del archivo macedoniano un texto —un recorte de periódico sin indicación de fecha o lugar de publicación— que destaca por una suerte de obsesión «confusionista»:

> En el hospicio de las Mercedes, el director de dicho establecimiento, doctor Gonzalo Bosch, disertó hoy sobre el tema «Síndrome confusional». Detalladamente describió los estados confusionales (postconmocional, postconfusionales, postemocionales y psicosis de agotamiento) y las formas clínicas (confusión mental con onirismo, onirismo agitado con confusión; estuporosa [*sic*] delirio agudo y traumático) [...]. Finalmente, basado en la anatomía patológica del sistema nervioso de las confusiones mentales, destruye el concepto clásico de la forma clínica de «Confusión mental crónica», para identificarla en las «Demencias postconfusionales» (Prieto 2002: 251).

En los conceptos de «síndrome confusional», «confusión mental con onirismo», «psicosis de agotamiento», Macedonio parece haber encontrado inspiración para su peculiar campaña propagandística, que como vimos pivota en torno a la sugestión, a través de artimañas enajenadoras, de un estado general de confusión y agotamiento que haga ineluctable el advenimiento de un salvífico caudillo autorial-presidencial. Por lo demás, el «síndrome confusional» es una estrategia que constantemente ejercita su escritura, que no desperdicia ocasión de confundir y agotar al lector: «Sería un fracaso que el lector leyera claramente cuando mi intento artístico va a que el lector se contagie de un estado de confusión» (7, 44) asegura en el pseudo-relato «Cirugía psíquica de extirpación», publicado en 1941 en la revista *Sur*. Y en un texto de 1940 característicamente híbrido desde el título, «Poema de trabajos de estudios de estética de la siesta», advierte: «Al lector: lectura de ver hacer; sentirás lo difícilmente que la voy tendiendo ante ti. Trabajo de formularla; lectura de trabajo; leerás más como un lento venir viniendo que como una llegada» (7, 133). Lectura como «trabajo de ver»: otra forma de cegar el ojo, de hacerlo trabajar hasta el colapso de lo visible, hasta un punto en que empiece a emerger la otredad de la mirada. Esa voluntad belicosa de cegar el ojo del espectador/lector es concordante con su crítica de la sensorialidad en la obra de arte y su drástica reducción a la idea, al núcleo teórico que la vertebra —un giro «filosófico» que recuerda la depuración baconiana de los «falsos ídolos» (o, desde otro punto de vista, la superación hegeliana del arte *sicut* filosofía en la modernidad post-artística) y que es crucial en el devenir del arte moderno y contemporáneo (*cfr.* Bacon 2000: Libro I, Aforismos 39-68 y nota 11).

Para ser mirado... es un estudio que se integra en el contexto de la composición de una obra mayor: el *Gran vidrio* (1915-1923) —de ahí que también se lo conozca como *Pequeño vidrio*—. En la medida en que el *Gran vidrio* es una obra que se piensa y se compone morosamente a lo largo de una década, y que ese período incluye la estancia de Duchamp en Buenos Aires, hasta cierto punto podríamos considerarla su cuarta obra «porteña» —una obra espectral, aún hipotética en esa época en cuanto *work-in-progress*—. Las afinidades entre el *Gran vidrio* de Duchamp y el *Museo de la Novela*, empezando por su condición de obras fantasmagóricas, que oscilan entre la hipótesis y el mito durante largos años de composición y en última instancia se dejan «definitivamente inacabadas», son numerosas y significativas. Habiéndolas analizado en detalle en otro lugar (Prieto 2002: 171-194), aquí me centraré en un aspecto de esa afinidad: el carácter intermedial y transdiscursivo que comparte el *Gran vidrio* tanto con el *Museo de la Novela* como con el proyecto de política-ficción en el que se integra. El *Gran vidrio* es una obra cuya percepción se bifurca en dos medios: la pintura en vidrio y la escritura vinculada a su composición, reunida en la *Caja verde* (ibíd.: 356). Las enigmáticas figuras pintadas en el cristal componen una elusiva historia sugerida en el título (uno de los más extraños de la historia de la pintura, por lo que es comprensible que se la suela llamar simplemente «Gran vidrio»): «La novia desnudada por sus solteros, incluso...». Las notas de la *Caja verde* proveen el aparato teórico necesario para la decodificación de la obra y sugieren un relato implícito que no tendría que ver tanto con el bizarro romance pseudo-conyugal aludido en el título cuanto con el proceso de concepción y composición de la obra. Duchamp concibe ese aparato teórico no sólo como un elemento indispensable de la obra sino como una suerte de mecanismo de interrupción de su dimensión «retiniana». En una entrevista con Pierre Cabanne observa: «Quería que ese álbum acompañara al "Vidrio" y fuera consultado al ver el "Vidrio" porque, tal como lo veo, no debe ser "mirado" en el sentido estético de la palabra. Se debe consultar el libro, y ver las dos cosas juntamente. La conjunción de ambas elimina enteramente el aspecto retiniano que tanto me disgusta» (1971: 42-43). A esta intermedialidad textual-plástica habría que añadir quizá un tercer medio, si tenemos en cuenta la versión musical del *Gran vi-*

drio, que de hecho lo precede como obra «acabada»: *La novia desnudada por sus solteros, incluso. Erratum musical* (1913). En esta versión temprana del *Gran vidrio* —otra versión mental, no retiniana—, Duchamp propone un lúdico uso del azar orientado a la creación de «un nuevo alfabeto musical», según declara en la nota que acompaña a la partitura, donde como es habitual exhibe un absoluto desdén en cuanto a la ejecución de la obra y a todo «virtuosismo» artístico asociado a ella: «Inacabable; para determinado instrumento musical (pianola, organillo o cualquier otro nuevo instrumento que haga innecesaria la mediación de un virtuoso); el orden de la secuencia (según gustos) es intercambiable; el tiempo que separa cada cifra romana será probablemente constante (?) pero puede variar de una ejecución a otra —ejecución enteramente superflua, por lo demás» (d'Harnoncourt/McShine 1973: 264-265)—. El *Erratum musical* duchampiano se diría pensado para un nuevo instrumento inventado por esos años en Buenos Aires: el armonio microtonal de Xul Solar, un instrumento «inoíble» que obedece a una lógica similar a las invenciones del autor de *Continuación de la Nada*. No en vano Macedonio describe a su amigo Xul Solar, en la dedicatoria de su ejemplar de *Una novela que comienza* (1941), como «inventor además del único idioma universalmente no hablado, probablemente porque lo ha lanzado sin su particular Pausa o Silencio y nadie se atreve a hablarlo sin saber cómo es éste antes, expuestos a no tener cuándo y cómo callar en neocrol» (Abós 2002: 195). El equivalente macedoniano del *Erratum musical* o del neocriollo como «idioma universalmente no hablado» —su particular versión «acústica» del «etcétera en pintura»— estaría implícito en la pregunta que le planteara en cierta ocasión al musicólogo Juan Carlos Paz: «Dígame, ¿no se podría crear una música sin ritmo?» (ibíd.: 197).

Como el *Gran Vidrio*, el proyecto político-ficcional de Macedonio se desarrolla al menos en dos medios: un medio textual —los volantes y escritos diversos de propaganda presidencial-novelesca en cuya órbita se insertaría inestablemente la escritura del *Museo de la Novela*— y un medio urbanístico o «psicogeográfico» —las calles de Buenos Aires como escenario de una serie de acciones artístico-políticas que incluirían la ejecución de una «novela salida a la calle»—. Tanto en el *Gran vidrio* como en el *Museo de la Novela* el relato teórico o meta-discursivo —en el caso del *Museo de la Novela*, la cincuentena de prólogos que vendrían a ser su «Caja verde»— no sólo es indispensable para decodificar propuestas que se juegan «entre discursos», sino que en cierto modo constituiría el núcleo paradójico de su valor artístico —de su singularidad en una historia de la pintura o de la literatura, si hubiera que leer estas obras (lo que dista de estar claro que pretendan) dentro de esas historias o de las disciplinas que las sustentan—. La *Caja verde* de Duchamp, en cuanto artefacto textual «desencuadernado» cuya secuencia de lectura es armada aleatoriamente por cada lector, es una invención muy cercana a lo que proponen los prólogos del *Museo de la Novela*. De hecho una de las notas de trabajo del *Gran vidrio* publicadas póstumamente proyecta un libro que viene a ser un prototipo abstracto del *Museo de la Novela*:

> Hacer un libro *redondo*, i.e.
> sin principio ni fin
> (ya porque las hojas sean
> arrancadas y ordenadas
> a partir de la última palabra de la página
> repetida en la página siguiente (nada
> de páginas numeradas) — ya porque
> el lomo esté hecho con anillas
> alrededor de las cuales las
> páginas giran (Duchamp 1983: 41).

En el *Museo de la Novela* hay una análoga voluntad de hacer «estallar la encuadernación» (13), de derrocar el Libro y con él la entera arquitectura de la institución literaria —lo que en una carta de 1937 a Silvina Ocampo su autor llama, extendiendo la crítica a la totalidad del campo artístico, la «Tonelada Estética» (2, 108). Esa voluntad anti-libresca se manifiesta tanto en el discurso paratextual que recorre el *Museo de la Novela* cuanto en la vertiente performativa del proyecto de política-ficción en el que funcionaría como «novela salida a la calle». Como Duchamp en su efímero *Ready-made infeliz* (1919), Macedonio somete el Libro a un metódico proceso de escarnio, suplicio y eventual despedazamiento. Si en su escritura, compuesta mayormente de papeles dispersos —circunstancia a la que suelen aludir sus títulos: «Papeles de Recienvenido», «Papeles de Buenos Aires», «Arreglo de papeles que dejó un personaje de novela»—, hay algo parecido a la ejecución de una obra, sería en el sentido de un «ajusticiamiento» análogo al que propone el *Ready-made infeliz* de Duchamp, otro caso donde lo artístico de la obra de arte estaría menos en su realización que en la *ocurrencia* de su escamoteo. En efecto, durante su estancia en Buenos Aires en 1919, Duchamp envía a su hermana Suzanne, recién casada con el pintor Jean Crotti, un ambiguo regalo de bodas: las instrucciones para la ejecución de un *ready-made* «infeliz», consistente en «un libro de geometría, que

Crotti debería colgar con cuerdas del balcón de su apartamento en la Rue La Condamine; el viento debería recorrer el libro, elegir sus propios problemas, hojear y arrancar las páginas» (Gamboni 1997: 272). Según lo previsto, el original fue destruido por las inclemencias de la intemperie y de él sólo se conservan dos reproducciones *tampoco* ejecutadas por Duchamp: una fotografía y un lienzo de Suzanne titulado *El ready-made infeliz de Marcel* (1920).

Duchamp se complace en reducir la huella autorial a un mínimo, a una sombra levísima —de hecho, en una de sus notas publicadas póstumamente trabaja la huella del autor como «inframínimo», un intervalo de existencia que centellea en el umbral de su desaparición:

> comprar o conseguir cuadros
> conocidos o desconocidos
> y firmarlos con el nombre de un pintor conocido o desconocido:
> *La diferencia* entre la «manufactura» y
> el nombre inesperado por los
> «expertos» *es la obra auténtica*
> de Rrose Sélavy, y desafía las falsificaciones (1983: 105).

Los *ready-mades* proponen «inframínimos» de autoría: Duchamp sugiere esa condición al trabajarlos como sombras. Así, en una de las notas de la *Caja verde* esboza un proyecto que en parte se plasmará luego en su última obra «pintada», *Tú me...* (1918): «SOMBRAS DE READY-MADES TRASLADADAS — Sombra trasladada de 2, 3, 4 *ready-mades* 'reunidos'. Tal vez servirse de una ampliación de esto para obtener una figura formada a partir de una [longitud] igual (por ej.) tomada de cada *ready-made* y convertida por medio de la proyección en parte de la sombra trasladada» (Sanouillet 1958: 45). En otra de las notas póstumas observa: «sociedad anónima de portadores de sombra representada por todas las fuentes de luz (sol, luna, estrellas, velas, fuego) [...] los portadores de sombra trabajan en lo inframínimo [*l'infra mince*]» (ibíd.: 21). Una lectura de las sombras proyectadas por los *ready-mades* en la escritura de Macedonio (o viceversa) sería entonces un ejercicio de «meta-sombrología»: sombras trasladadas sobre sombras.

Por esta vertiente, la ejecución libresca antes que «artística» en cualquier sentido del término que implica el *Ready-made infeliz* puede relacionarse con un revelador testimonio de la pulsión desencuadernadora de Macedonio, que sintetiza la convergencia de proyectos artísticos, literarios y políticos «fuera de campo» en torno al núcleo teórico de una crítica de la representación. Entre los materiales inéditos del archivo macedoniano se encuentran unas páginas arrancadas de un clásico de la metafísica occidental —la *Crítica de la razón pura* de Kant, en una versión francesa— que Macedonio utiliza como agenda personal, como soporte de una escritura utilitaria e intrascendente. En una de ellas, por ejemplo, anota de través un número de teléfono (*cfr.* Prieto 2002: 356). Usar como agenda telefónica la *Crítica de la razón pura* —obra capital de la filosofía moderna y paradigma por antonomasia de lo que Macedonio llama «metafísica de la representación»— es por cierto una empresa no muy disímil de la que propone Duchamp en una de las notas de la *Caja verde*, al proyectar otra variante del *ready-made* —el *ready-made* «recíproco», una variante de cuya «ejecución» no hay constancia (lo que conviene idealmente a su condición de *ready-made*): «READYMADE RECÍPROCO — Servirse de un Rembrandt como tabla de planchar» (Sanouillet 1958: 44).

Macedonio con Joseph Beuys:
«Una manera totalmente distinta de comenzar»

El gesto duchampiano del *ready-made*, o lo que Macedonio llamaría el «etcétera en pintura», es el punto crítico del que irradian, así pues, algunas de las trayectorias más emblemáticas del arte contemporáneo. En la órbita de inquietudes del «etcétera en pintura», la errática campaña presidencial-novelesca de Macedonio puede verse como una acción político-artística que deslinda tempranamente el campo de operaciones del *performance art*, una de las vertientes más productivas del arte post-duchampiano. En ese sentido, además de tramar una serie de «artefactos de importunar» más o menos paralelos a los de su contemporáneo Duchamp, Macedonio prefigura a Joseph Beuys, cuyas acciones de los años setenta y setenta —*Cómo explicar cuadros a una liebre muerta* (1965) o *Coyote (I like America and America likes me)* (1974)— replantean y desbordan la categoría de obra de arte[10]. En términos de Schopenhauer, lo que propondrían dichas acciones es «una manera totalmente distinta de comenzar»[11] ligada a una crítica de los relatos institucionalizados y a una puesta en crisis de la narración/representa-

---

[10] En cuanto al *performance art* como forma artística que implica una problematización del «lugar» en la cultura —una estrategia de dislocación y un sustrato utópico—, véase Goldberg (1979).

[11] Tal sería según el filósofo alemán el propósito del *Novum Organum* (1620) de Francis Bacon, quien en esta obra se habría propuesto mostrar que «la verdad no se encontraba en el saber humano

ción. La ruina del gesto de «contar cuadros» en Beuys sugiere una imposibilidad análoga a la que implica *Una novela que comienza*, (anti)relato macedoniano que en su desquiciamiento de la narración propondría otro avatar de la «novela salida a la calle» —la novela «impedida» que, a falta de continuación textual, deviene anuncio publicitario proyectado hacia una acción por fuera del relato, en una suerte de reducción de la literatura a «llamado telefónico»:

> Lanzada a la publicidad esta pieza de anuncio en procura de noticias de dos damas [...] nada más tengo que añadir hasta que un deseado con muy poca esperanza mía llamado telefónico, haga sonar también para mí la hora de prepararme a la prosecución de la novela. En este momento, pues, dejo la pluma y me traslado al pie del teléfono de mi amigo [...].
> Preveo una *Novela que no sigue*. Menos suerte tuvo mi *Novela impedida*, que no pudo empezar porque nacióle un impedimento canónico no dirimible: una de las «personajes» resultó hermana del autor y las nupcias de éste y ella que ya entreveíanse en la trama... etcétera, etcétera (7, 27-28).

La continuación del relato queda así diferida, a la espera de otro comienzo indicado por un etcétera que «pinta» a la vez el abandono del cuadro y su hipotética continuación por otra vía —por fuera del cuadro, en un más allá de la voz, por su envés performativo o «telefónico»—. En ambos casos se trata de prácticas sin marco discursivo predeterminado que aplican la táctica de «hablar en otro lugar» y proponen una reflexión en una zona de cruce entre arte, política y filosofía. En la campaña presidencial-novelesca de Macedonio, esa zona de alegoría errática se materializa en las calles de Buenos Aires; en Beuys, en una acción como *Coyote*, intervienen en la creación de esa «zona» una ambulancia, un coyote hambriento y un almacén abandonado de Nueva York. En ambos la «obra» se reduciría a los documentos asociados a su ejecución. En cuanto acción, la obra no se daría como un «interior» enmarcado: no habría obra «en sí» fuera de los documentos que dan cuenta de la planificación o que quedaron como resultado de la acción[12]. En el caso de Beuys, el desarrollo de las tecnologías de re-

---

de aquel tiempo sino más bien fuera de él» (2006: 100). En cuanto al propósito de investigar por fuera de las disciplinas de la época, recordemos que la adhesión a campos especializados del saber se cuenta para Bacon entre los *idola* —concretamente, entre los que llama «ídolos de la caverna» (Libro I, Aforismos LIII-LVIII)— cuya «purgación» es necesaria para el avance del conocimiento.

[12] En una entrevista de 1979 con Bernard Lamarche-Vadel, Joseph Beuys define sus «objetos» ex artísticos como «documentos dejados por mis acciones» y «herramientas que permiten la reconstrucción

producción masiva hacia mediados del siglo XX determina un registro compues-
to de documentos textuales y audiovisuales; en el de Macedonio, se trata de un
registro mayormente textual (anotaciones en cuadernos, fragmentos epistolares,
volantes propagandísticos, textos de otros autores y, en última instancia, el propio *Museo de la Novela*). En no pocos casos, los textos que integran ese registro
presentan notables marcas intermediales. Así, en los «sobres-cartas» propagandísticos la escritura se exterioriza remedando los patrones icónicos del discurso
publicitario: se experimenta con el impacto visual de las grafías, dispersando en
la página lemas electorales, calambures y enigmáticas frases novelescas en letras
de diverso tamaño y orientación espacial, o bien se formatea el nombre del au-
tor-candidato con un diseño bicromático (la mitad del nombre en tinta roja, la
otra mitad en tinta azul) que parece remedar las hipérboles personalistas y apo-
teosis cromáticas de los carteles electorales (*cfr.* Prieto 2002: 258). Análogamente, en el *Museo de la Novela* la salida de la ficción está mediada por una exteriorización de la escritura que se enfoca en el objeto-libro como medio de
desaparición: el discurso transficcional de los prólogos y paratextos (documentos de pre- y post-ficción, por así decir) espacializa la narración en un intermedio que la difiere indefinidamente. En uno de sus cuadernos inéditos, el correspondiente a los años 1927-1928, Macedonio anota:

> Yo quisiera hacer mi Novela (y como de todo lo que hacemos nos arrepentimos en
> parte o en todo alguna vez, hacer todo provisorio) como hice «La Vigilia», etc., con
> un hilito de deshacerlas, un cabito de tirar hasta la nada, como esos nudos de juego
> que hacen los chicos. [...] así mi novela tendría que tener algo de deshacerla, de con-
> vertirla en Historia (*Museo*, 330).

El *Museo de la Novela* sería, entonces, un artefacto intermedial hilvanado
«con un hilito de deshacerlo»: la materialidad del objeto-libro como espacio ex-
traficcional sería el medio en que la novela escenifica su propia disolución. La
intermedialidad del *Museo de la Novela* sería «meta-mecánica» en el sentido de
Jean Tinguely: como los dispositivos autodestructivos del artista suizo —la *Máquina para destruir esculturas* (1960) o la «máquina-*happening*» *Homenaje a Nue-*

---

de estas acciones» (Gamboni 1997: 299). En una carta de 1938 a Alberto Hidalgo, Macedonio se expresa en términos parecidos acerca de las secuales textuales de la *Revista Oral*, otro proyecto comparable
por su vertiente intermedial y performativa con la campaña presidencial-novelesca: «He pedido a mi hijo
Adolfo que se dé el gusto de entrevistarlo y le solicite manuscritos míos que usted pueda tener como se-
cuelas de las actividades de su *Revista Oral*» (2, 97).

va York que se autodestruyó en el patio del Museo de Arte Moderno de Nueva York en marzo de 1960—, Macedonio compone una ficción cinética, en marcha hacia su propio colapso —hacia su disolución en Historia.

EL HOMBRE QUE SERÁ PRESIDENTE: TEMA DEL TRAIDOR Y DEL HÉROE

En cuanto proyecto narrativo-performativo que indaga maneras de «deshacerse en Historia» e implica una teatralización del espacio público, la campaña de política-ficción macedoniana proyecta sombras significativas tanto por la vertiente política y artística específica a los movimientos de vanguardia del siglo XX como por su vertiente literaria. En 1944, Borges publica el volumen de relatos *Ficciones* —a todas luces una de las cimas literarias del siglo XX—, que representa un corte definitivo con la estética vanguardista explorada en complicidad y complicado diálogo con Macedonio en sus años de juventud. En ese volumen se incluye el relato «Tema del traidor y del héroe», que resulta tentador leer como una versión *fantástica* de la «novela salida a la calle» que Macedonio proponía efectivar en las calles de Buenos Aires en los años veinte. De hecho se trataría de una *nueva* versión o «refutación» (para complementar lo expuesto en el primer capítulo), si tenemos en cuenta que ya en su evocación de la aventura presidencial de Macedonio Borges reduce el programa de acción político-estética —y específicamente la idea de una novela «vivida»— a novela fantástica: un texto perdido, escrito en colaboración con el propio Borges y los hermanos Dabove —*El hombre que será presidente*—, en el que la sombrología macedoniana de Borges sugiere un posible origen del *Museo de la Novela*:

> De estas maniobras más o menos imaginarias y cuya ejecución no había que apresurar, porque debíamos proceder con suma cautela, surgió el proyecto de una gran novela fantástica, situada en Buenos Aires y que empezamos a escribir entre todos. (Si no me engaño Julio César Dabove conserva aún el manuscrito de los dos primeros capítulos; creo que hubiéramos podido concluirla, pero Macedonio fue demorándola, porque le agradaba hablar de las cosas, no ejecutarlas.) La obra se titulaba *El hombre que será presidente*; los personajes de la fábula eran los amigos de Macedonio y en la última página el lector recibiría la revelación de que el libro había sido escrito por Macedonio Fernández, el protagonista, y por los hermanos Dabove, y por Jorge Luis Borges (*Macedonio*, 58).

Si Macedonio propugna la cooperación multitudinaria en una acción frau-
dulentamente pública, de suerte que una ficción novelesca vendría a ser la trama
oculta en la propaganda política, en «Tema del traidor y del héroe» Borges explora el reverso siniestro de los *Festspiele* de Suiza —«vastas y errantes represen-
taciones teatrales, que requieren miles de actores y que reiteran episodios históricos en las mismas ciudades y montañas donde ocurrieron» (*Ficciones*, 497)— a
través de un proceso de detección historiográfica que revela el inquietante sustrato ficcional de un episodio histórico —de hecho, una «vasta representación»
que, a diferencia de los *Festspiele*, es a la vez pública y secreta, y que no reitera la
Historia sino que la *crea*—. En Borges la representación remite al texto: éste invariablemente subyace a toda acción, de uno u otro modo la *vertebra*. Borges
trama una fábula donde la diferencia entre ficción e Historia es indecidible: ambas están involucradas en un continuo y vertiginoso bucle de Moebius. La escritura de Macedonio no es por cierto ajena a la sospecha (y a la crítica) de la ficción entreverada en los discursos formativos del Estado —a las tramas narrativas
cuya diseminación en la esfera pública deslindan un espacio político que hace
posible la imaginación colectiva de una nación[13]. Así, por ejemplo, en el cuaderno de 1926-1927 encontramos este revelador pasaje:

> Terminada la novela he pensado proponerla para Historia Nacional a los parlamen-
> tos (éstos son siempre más subvencionistas que [†] de varios pequeños países (por
> considerar que en el mejor de los casos mi libro es mejor novela que la Historia); no
> sólo obtendré así su venta sino que pronto tendrán pensión todos los personajes o
> sus deudos pues para eso se hacen las Historias (*Museo*, 320).

Ahora bien, en Macedonio la sospecha del sustrato textual de lo histórico coexiste inestablemente con la fe romántica (y por cierto vanguardista) en un «afuera»
del texto —en la acción utópica como salida o quebradura del sistema de lo textual. En el relato de Borges la representación teatral colectiva, aunque puesta al
servicio de una causa «noble» —la lucha por la independencia de una nación opri-
mida: «Polonia, Irlanda, la república de Venecia, algún estado sudamericano o bal-
cánico...» (*Ficciones*, 496), según enumera el narrador con displicencia—, en última instancia está orientada a preservar la legibilidad de un relato nacionalista. Su
corolario ideológico es un conservadurismo escéptico: ante la constatación del ex-

---

[13] En cuanto a la complicidad de nación y narración, véase el ya clásico estudio de Benedict
Anderson sobre el fenómeno del nacionalismo, *Comunidades imaginadas* (1983), así como Bhabha
(1990).

trañamiento de la agencia política y la dudosa autoría de los argumentos históricos y nacionales, el narrador-protagonista se limita a contemplar con resignada ironía todo intento de acción, pues ésta no podría sustraerse al espectro de la actuación ideológica —imposible no activar en la acción textos cuyo origen y sentido nos serían fundamentalmente ajenos y sobre los que careceríamos de control—. En efecto, el narrador-detective-historiador del relato de Borges resuelve finalmente «silenciar el descubrimiento» —el carácter fraudulento del relato fundacional de su país— y se limita a publicar «un libro dedicado a la gloria del héroe» (ibíd.: 498). El proyecto humorístico y revolucionario de Macedonio —la histerización/ficcionalización del espacio público orientada a una radical transformación política y estética: la conquista de Buenos Aires «para la Belleza y el Misterio»— deviene en la parábola de Borges estrategia irónica que a la vez que expone las entretelas del relato nacional se dispone a su preservación —a la continuación de la Historia.

Por esta vertiente se perfila un contrapunto que determina la sombrología de Macedonio inferible de su diálogo con Borges. La ironía es el arte de reconocer ciertos límites; el humor, el placer o la pasión de negarlos. La ironía es conservadora; el humor, revolucionario. La ironía presupone aceptar la estabilidad de un mundo —un orden por detrás del cual se proyecta su contradictoria sombra o doble fondo—; es una suerte de placer visual del entendimiento, un tipo de representación en el teatro del intelecto que requiere una actitud contemplativa —la *stasis* es precisa para apreciar la perspectiva, la hondura y sutileza del cuadro—. El humor, por otra parte, implica un rechazo instantáneo del mundo, la cancelación de un orden súbitamente arruinado en el estallido de la risa. El humor promueve el cortocircuito, es un proceso dinámico que opera en un nivel psicosomático y performativo: en él interviene el cuerpo, de él se infiere una acción, un poner(se) en movimiento. La ironía crea un efecto de profundidad; el humor discurre sobre la superficie —es la ocurrencia en que ésta se piensa[14]—. Borges es uno de los maestros modernos de la ironía literaria; Macedonio hace

---

[14] En las consideraciones precedentes considero la ironía desde el punto de vista de una pragmática del discurso antes que como concepto filosófico con una trayectoria histórica específica, desde la ironía romántica de Friedrich Schlegel a su crítica en Hegel o Kierkegaard. De hecho los atributos del humor aquí destacados estarían más próximos al concepto schlegeliano de ironía como «parábasis permanente» (1963: 85) —en términos teatrales, una continua interrupción o salida del cuadro— o bien a lo que Kierkegaard llama «el entusiasmo de la aniquilación» (2000: 288), o aun a la noción de «infinita negatividad absoluta» que Hegel propone en su crítica de las teorías románticas de la ironía (véase nota 7). Sobre la trayectoria filosófica del concepto de ironía véase Kierkegaard (1841), y, para una crítica post-estructuralista de la crítica hegeliana de Schlegel, de Man (1996).

del humor un arte cuyas propuestas tienden a operar por fuera de la literatura
—y ello a pesar de que en su especulación teórica considere el humor (lo que él
llama «Humorística Conceptual» o «Ilógica del Arte») uno de los tres géneros
privilegiados del discurso literario[15]—. Macedonio es por lo demás autor de una
original teoría del humor que, a diferencia de otros pensadores (Bergson, Freud,
Lipps), enfatiza su aspecto productivo —su capacidad de generar espacios «al-
truísticos» donde las ilusorias construcciones egoicas se deslíen en un «almismo
ayoico»[16]—. El humor, según Macedonio, es un «placer respiratorio» (3, 259):
una ocurrencia en el aire extrañado de respirar con otro. Macedonio explora el
sentimiento de comicidad «en su signo afectivo» (3, 264), como placer ético o
fenómeno que pone en juego un *sym-pathos*, un «sentir con»: «El sentimiento de
comicidad es así uno de los del orden de la simpatía, en muchos casos casi equivale a una manifestación de ternura, y por tanto es más que igualitario, es admi-
rativo o por lo menos enteramente altruístico» (3, 263).

---

[15] Los otros dos géneros literarios admitidos en la frugal teoría literaria macedoniana serían la
«Prosa del Personaje o Novela» y la «Metáfora o Poesía». Véase su ensayo «Para una teoría del arte»
(3, 235-251).

[16] El ensayo de Macedonio sobre el humor, «Para una teoría de la humorística», está entre sus
pocas obras publicadas en vida: apareció, junto con «Continuación de la Nada», en la segunda edición de *Papeles de Recienvenido* (1944). En cuanto al humor macedoniano, véase el ensayo pionero
de Ana María Barrenechea, «Macedonio Fernández y su humorismo de la nada» (1953), así como
esta observación de Ana Camblong: «Schopenhauer piensa que la ironía consiste en la broma oculta en la seriedad, luego Borges es un autor irónico; en tanto que el humor es la seriedad oculta dentro de la broma, luego Macedonio es un humorista» (2006: 108). En su tesis doctoral *Sobre el concepto de ironía* Kierkegaard sugiere una distinción análoga entre la ironía propiamente dicha y su
modo «humorístico»: «La forma más común de la ironía consiste en decir seriamente algo que, sin
embargo, no es pensado como algo serio. La otra forma, que lo que es pensado en serio sea dicho
en broma, se da con menos frecuencia [...] se la encuentra a menudo en los humoristas» (2000:
276). De hecho, la diferencia que propone Kierkegaard hacia el final de esta obra entre ironía romántica e «ironía dominada» (ibíd.: 338), en virtud de la cual opone a autores como Goethe, que
encarnarían esta última, frente a los ironistas románticos (F. Schlegel, Tieck, Solger), viene a equi-
valer a la distinción arriba propuesta entre el humor macedoniano de signo romántico-revolucio-
nario y la ironía clásica de Borges. A la ironía como pasión romántica de la negación infinita (lo
que en mi análisis se vincularía más bien a la noción de humor), asociada por Kierkegaard a una estética de «arbitrariedad poética» (ibíd.: 322) que enfatiza la libertad de la fantasía, se opondría la
ironía *dominada* de Goethe (o, agregaríamos, de Borges), que se manifiesta en una filosofía de la
composición que «limita, finitiza, restringe» (ibíd.: 339).

DEL HUMOR REVOLUCIONARIO: MACEDONIO Y LA INTERNACIONAL SITUACIONISTA

La teoría macedoniana del humor, tan singular como su teoría de la pasión, y no menos determinante que ésta en su práctica estético-política, podría resumirse en la lacónica consigna recogida en el *Cuaderno de 1939*: «Una revolución contra los contextos» (13). «Revolucionar los contextos» es un lema que recorre la escritura de Macedonio y que en cierto modo la aleja de la órbita de Borges, minucioso ironizador de contextos que tienden a subsumirse en una dimensión literaria, en la misma medida que lo aproxima a prácticas y proyectos contestatarios que marcaron la historia del siglo XX. Por lo que tiene de propuesta de humor revolucionario que actúa por el borde exterior de la literatura y la política, la campaña presidencial de Macedonio presenta notables afinidades con las actividades de la Internacional Situacionista, movimiento que aglutina vanguardias artísticas y políticas en los años sesenta y que como la escritura de Macedonio surge de la convergencia errática —de su desplazamiento hacia otro lugar— de teoría filosófica, literatura experimental y praxis política y estética[17]. El movimiento situacionista, cuyo objetivo según un manifiesto de 1963 sería «tomar el relevo del radicalismo del que fueron portadores el movimiento obrero, la poesía y el arte modernos, el pensamiento de la época de la superación de la filosofía, de Hegel a Nietzsche» (Debord 2006: 647), propone una práctica artístico-política basada en la construcción de «situaciones» —intervenciones en el espacio urbano que aspiran a escapar a la lógica de la representación imperante en la literatura, el arte, la filosofía, y en general en la cultura del capitalismo tardío, eso que Guy Debord, el líder del movimiento y su más elocuente teórico, llamara en un célebre ensayo la «sociedad del espectáculo»—. En uno de los documentos fundacionales de la I. S., «Informe sobre la construcción de situaciones» (1957), Guy Debord plantea:

La construcción de situaciones empieza más allá de las ruinas del espectáculo moderno. Es fácil ver hasta qué punto la alienación del viejo mundo está ligada al principio mismo del espectáculo: la no-intervención. Inversamente, vemos cómo las bús-

---

[17] La Internacional Situacionista o I. S. (1957-1972) surge de la fusión, en una conferencia celebrada el 27 y 28 de julio de 1957 en Cosio d'Arroscia, en los Alpes ligures, entre la Internacional Letrista encabezada por Guy Debord, el Movimiento Internacional para una Bauhaus Imaginista liderado por el artista plástico danés Asger Jorn y el Comité Psicogeográfico de Londres fundado por Ralph Rumney. No obstante, los presupuestos básicos del movimiento cobran forma ya en la Internacional Letrista (1952-1957), cuyo principal órgano de difusión, la revista *Potlatch*, sería rebautizada en 1957 como *Internacional Situacionista*.

quedas revolucionarias más valiosas de la cultura han buscado quebrar la identificación psicológica del espectador con el héroe a fin de encaminarlo a la acción provo-
cando su capacidad de revolucionar su propia vida (2006: 325).

Este pasaje ofrece una suerte de contrapunto ideológico a «Tema del traidor
y del héroe». En el relato de Borges, la estrategia de teatralización de la esfera pública se asocia a una ideología conservadora cuyo objetivo patente es promover
la identificación con el héroe y la continuación del relato nacional. Borges cues-
tiona —en la medida en que lo *revela*— el mecanismo de esa ideología, pero su
planteamiento es escéptico y reacio a toda idea de *rebelión*: en última instancia,
el héroe es el escritor-historiador que opta por una sublime destitución contemplativa y una abstinencia política de consecuencias poco alentadoras. El proyecto de política-ficción macedoniano, como las sedicentes actividades situacionistas, da un paso más allá —un paso que implica una fe, aun en sus formas más
erráticas o transicionales, en la acción política—. En ambos casos se trata de co-
lapsar, revolucionando sus contextos, los mecanismos ideológicos y narrativos
que hacen posible la identificación con el héroe y, por ende, la continuación del
relato.

El programa situacionista pone en juego una serie de técnicas de alteración
del medio urbano curiosamente próximas al proyecto de Macedonio: deriva, *détournement*, propaganda enervante —todo ello al servicio de un utópico proyecto de intervención artístico-política que reactiva los conceptos de pasión y de
humor—. Así, una de las más tempranas acciones vinculadas al situacionismo es
un humorístico *hapenning*: en 1950, durante la misa de pascua en la catedral pa-
risina de Nôtre-Dame, uno de los miembros de la I. S. disfrazado de monje se si-
tuó ante un altar y procedió a leer un manifiesto proclamando la muerte de
Dios. Entre las propuestas «para el embellecimiento racional de la ciudad de París» promovidas en un manifiesto pre-situacionista de 1955, se incluye la siguiente: «Acceso libre e ilimitado de todas las personas a las cárceles. Posibilidad
de visitas turísticas, sin discriminación alguna entre visitantes y presos. (Para
contribuir al humor de la vida, tómbolas mensuales que otorguen a los visitantes la posibilidad de recibir condenas reales, intercambiándose con los presos
[...])» (Debord 2006: 215). Macedonio propone una idea de similar cariz anarquista por boca de su álter ego el Bobo de Buenos Aires en uno de los fragmentos utópico-humorísticos aparecidos en la revista *Papeles de Buenos Aires* (1943-
1945), donde imagina un «país a descubrir» en que «cada año la policía elige a la
suerte diez presos, dándose luego por ejercida toda la función policial del año»

(4, 118). La propia definición del término que designa al movimiento situacionista, tal y como se lo presenta en un manifiesto de 1958, es cómicamente autocontradictoria: «SITUACIONISMO: vocablo carente de sentido, formado por derivación del término anterior ["situacionista"]. No existe el situacionismo, lo que implicaría una doctrina de interpretación de las condiciones existentes. El situacionismo es una noción obviamente concebida por los anti-situacionistas» (Debord 2006: 358). En el «Manifiesto para la construcción de situaciones» (1953), Debord plantea: «¿Y por qué habría que excluir el humor?» (ibíd.: 110); y en otro texto programático, «Los situacionistas y las nuevas formas de acción en la política o el arte» (1963), aboga por adaptar el acervo humorístico de la tradición dadaísta y surrealista a las estrategias de la I. S. El humor situacionista implica, en efecto, un filo de provocación discordante —patente en el lema «Nosotros reímos, pero nunca a la vez que Vd.» (ibíd.: 263)— que lo emparenta con el dadaísmo y estaría más próximo a la comicidad agresiva de los artefactos histerizantes de Macedonio que a su teoría del humor como *sympathos* o *Mitgefühl*. No es de extrañar, entonces, que en su «Introducción a una crítica de la geografía urbana» (1955) Debord reconozca que la dificultad de la empresa situacionista en cuanto proyecto político radicaría en «conferir a estas propuestas aparentemente delirantes una dosis suficiente de *seducción seria*» (ibíd.: 206).

Además de poner en juego el humor en un espacio artístico-político, se trataría entonces de reactivar la pasión. La I. S. se propone «la difusión, con fines de provocación sistemática, de una serie de propuestas tendentes a hacer de la vida un juego integral apasionante» (ibíd.: 205), lo que aparte de delatar la ascendencia surrealista del movimiento sugiere otro punto de contacto con el proyecto político-ficcional de Macedonio, para quien, recordemos, «un Estado, cultura, arte, ciencia o libro no hechos / para servir a la Pasión, directa o indirectamente, / no tienen explicación» (8, 230). En el «Prólogo a lo nunca visto» del *Museo de la Novela* se describe el «plan de histerización de Buenos Aires y conquista humorística de nuestra población para su salvación estética» (43), un plan que «unía la pasión al humorismo» (47): en cuanto acción de arte «libre sin límites», en él «todo debe incesantemente jugar, derogar» (ibíd.). La inestable conjunción de humor y pasión en el programa revolucionario situacionista no es ajena a su inspiración utópica, manifiesta tanto en sus proyectos de urbanismo visionario como en la propuesta de una práctica artístico-política que en gran medida, como el «país a descubrir» entrevisto por el Bobo de Buenos Aires, está «aún por inventar» (Debord 2006: 326). De hecho, el movimiento situacionista está recorrido por una tensión entre teoría y práctica análoga a la que pone en juego el proyecto macedoniano. Un proyecto urbanístico lindante con la ciencia-ficción coexiste con el cultivo de disciplinas excéntricas como la «psicogeografía», investigación experimental orientada al «estudio de los efectos específicos del entorno geográfico (conscientemente organizado o no) en las emociones y el comportamiento de los individuos» (ibíd.: 358). A la vez, esa disciplina experimental se presenta como una vía para transformar la vida cotidiana y alcanzar la utopía urbanística. En su ensayo «Ecología, psicogeografía y transformación del entorno humano» (1959), Debord observa: «La psicogeografía es, si se quiere, una suerte de "ciencia-ficción", pero ciencia-ficción de una porción de la vida inmediata y cuyas proposiciones están enteramente destinadas a una aplicación práctica» (ibíd.: 457). Como en el proyecto de política-ficción de Macedonio, un complejo sistema teórico basado en la crítica de la representación se «saca a la calle» y un pensamiento utópico articula un plan de acción artístico-política. El heterodoxo tratado de metafísica *No toda es vigilia la de los ojos abiertos*, publicado en la época en que Macedonio se vuelca en «asuntos literario-políticos», en cuanto ejercicio de metafísica no argumentativa que hallaría continuidad en la teoría filosófica y estética de los prólogos del *Museo de la Novela*[18] y culminaría en la acción artístico-política de la «novela salida a la calle», jugaría en el proyecto macedoniano un rol análogo al que representa el tratado de filosofía política de Guy Debord, *La sociedad del espectáculo* (1967) en cuanto a la praxis revolucionaria de la I. S. Ambos casos sugieren una continuidad entre utopía y praxis artístico-política, quizá más llamativa en el caso de Debord y la I. S., toda vez que el primer capítulo de *La sociedad del espectáculo* se publicó en el número 11 de la revista *Internacional Situacionista*, y seis meses después de su aparición como libro se produjo el estallido revolucionario de mayo del 68, que desde más de un punto de vista puede considerarse la puesta en «acción» del ideario situacionista —su «obra» por excelencia—.

En efecto, los situacionistas tomaron parte activa en los comités de ocupación de la Sorbona, cuyos comunicados oficiales incorporaban consignas o citas directas de *La sociedad del espectáculo*, poniendo en práctica el discurso jocoserio propugnado por la I. S. Así en el comunicado del 16 de mayo «a las 19 horas» una lista de urgentes consignas políticas («Ocupación de las fábricas», «Abolición de la sociedad de clases», etc.) es precedida por una enumeración de tintes surrealistas: «(panfletos, proclamas radiofónicas, cómics, canciones, grafitis, "bocadillos"

---

[18] En uno de esos prólogos Macedonio presenta el *Museo de la Novela* como trabajo de «metafísica no discursiva, la que olvidó Hegel, y que se da en la artística, que yo preconizo» (34).

en los cuadros de la Sorbona, proclamas en las salas de cine durante la proyección o interrumpiéndola, "bocadillos" en los carteles del metro, antes de hacer el amor, después del amor, en los ascensores, cada vez que se levanta el codo en un bistro)» (Debord 2006: 889). El ingenio gnómico de los grafitis de mayo del 68 y su inclinación por las consignas paradójicas o humorísticas es de inspiración (si no de directa factura) situacionista: sus ejemplos más citados —«Prohibido prohibir»; «Sed realistas: pedid lo imposible»; «Soy un Groucho-marxista»; «Todo el poder a los consejos obreros (un rabioso); todo el poder a los consejos rabiosos (un obrero)», etc.— son comparables a los retruécanos y lemas humorísticos de la propaganda político-ficcional de Macedonio, que en su caso podrían describirse como la «salida a la calle» de un género literario, la Humorística Conceptual: «Dará que alvear» (en alusión a Marcelo T. Alvear, presidente de la República Argentina en la época en que Macedonio se vuelca en sus maquinaciones político-literarias); «Mace-donio Aviador del piso»; «Novela: No vuela»; «¿Volará? Cuando el aire tenga barandita», etc. (*cfr.* Prieto 2002: 258). En ambos casos, la erupción imaginativa desplegada en la acción artístico-política, el interregno de suspensión de la incredulidad que abren en la imaginación de una época —la fe en la conjunción utópica de arte y política o, para ponerlo en términos de mayo del 68, en la posibilidad de llevar «la imaginación al poder»— probablemente sea su aspecto más perdurable, y el hecho de que queden como proyectos inconclusos, aún por realizar, tal vez sea el más patente de sus resultados *prácticos*, más bien inciertos desde otros puntos de vista. Salvando las distancias entre el impacto mediático y la repercusión internacional del mayo del 68 francés y la escala local, mayormente circunscrita al ámbito rioplatense, en que ha perdurado el proyecto político-ficcional de Macedonio, la revuelta promovida por los situacionistas no estuvo más cerca de la realización de una utopía urbana o una revolución integral que el errático proyecto de Macedonio, y sus magros dividendos políticos inmediatos —un ligero aumento del salario mínimo y la convocatoria de unas elecciones anticipadas en las que el general De Gaulle salió reforzado— probablemente fueron uno de los factores que aceleraron la disolución del movimiento situacionista.

CONTRA LA REPRESENTACIÓN: DERIVA Y *DÉTOURNEMENT*

Al igual que en Macedonio, el discurso téorico de los situacionistas —y en particular la teoría filosófica y cultural de Guy Debord— pasa a la acción, y en ese proceso de politización muta en discurso artístico-ficcional. Así, en 1973 el tratado teórico *La sociedad del espectáculo* se convierte en el filme situacionista *La sociedad del espectáculo* dirigido por el mismo autor. Las acciones situacionistas y otros proyectos de Debord como la novela «metagráfica» *Historia de los gestos* (1953) —una «novela tridimensional» compuesta a base de fotografías y fragmentos de periódico pegados en botellas de ron— comparten la estrategia macedoniana de poner en juego el pensamiento en una intermitencia transdiscursiva e intermedial. El discurso teórico y las consignas políticas serias son trasladados al cómic —así en las tiras cómicas compuestas y difundidas en mayo del 68 por el «Comité para el mantenimiento de la ocupación de la Sorbona»— o se mezclan con las imágenes erótico-publicitarias de la industria turística, como en la serie «España en el corazón» (1964), donde por medio del fotomontaje aforismos y máximas políticas —«Donde hay libertad, no existe Estado», «La emancipación de los trabajadores será obra de ellos mismos», etc.— son puestos en boca de atractivas muchachas semi-desnudas (*cfr.* Debord 2006: 675-677). La crítica radical ejercida en un triple plano estético, político y filosófico opera por fuera de los discursos y disciplinas que configuran el *status quo* de un determinado momento histórico: como el proyecto político-ficcional de Macedonio, la I. S. pone en juego un programa de movilización del pensamiento en virtud del cual las convenciones y prácticas disciplinarias migran a un ambiguo espacio a medio camino entre los modos hipotéticos del humor y la utopía: «La actividad situacionista es un arte particular que aún no practicamos» (Knabb 1981: 55-56), sostiene un manifiesto situacionista de 1959, en un gesto que recuerda la provocadora negatividad de la escritura macedoniana: «No lea tan ligero, mi lector, que no alcanzo con mi escritura a donde está usted leyendo. [...] Por ahora no escribo nada: acostúmbrese» (4, 29).

Ahora bien, si la I. S. hasta cierto punto se propone como un movimiento «sin obras», cuyas técnicas «aún están por inventarse» (Debord 2006: 467), en su desarrollo despliega una serie de tácticas —deriva, *détournement*, provocación sistemática— afines al proyecto de política-ficción de Macedonio. La deriva es una noción clave tanto en el programa situacionista como en la filosofía de la composición macedoniana. En «Poema de trabajos de estudios de estéticas de la siesta», Macedonio expresa así su poética de escritura a la deriva: «Total negación nos opone la Noche sin Estrellas a la perfilación, dirección e identidad de lo real. Lo sin Rumbo tiene la verdad; todo Rumbo y Perfil son un error» (7, 136). La propia hibridez de este texto, que combina con raro lirismo reflexiones de estética y ontología, es ya una aplicación del principio de deriva, el cual explica también el carácter transdiscursivo e intermedial al que propenden la escritura macedoniana y en particular su proyecto de política-ficción. La deriva, noción asociada en el ideario situacionista a la investigación «psicogeográfica» del medio urbano, es definida así en un manifiesto de 1958: «Modo de conducta experimental ligado a las condiciones de la sociedad urbana; técnica de pasaje rápido a través de diversos ambientes» (Debord 2006: 558). El «pasaje rápido a través de diversos ambientes» es una fórmula apta para describir la técnica de descarrilamiento discursivo que suelen practicar los textos macedonianos, compuestos a partir de una «trastornada sintaxis de mudanza» (2, 85). La deriva sería una forma de evitar la fijeza de la representación, tan denostada por Macedonio como por el movimiento situacionista —Debord afirmará en *La sociedad del espectáculo*: «Todo lo directamente vivido se aleja en la representación» (2006: 766).

La deriva está ligada a la desorientación: el plan macedoniano de histerización de Buenos Aires y despliegue de un «síndrome confusional» tanto en el espacio público como en el plano textual —«este confusionismo deliberado es probablemente de una fecundidad conciencial liberadora», leemos en el *Museo de la Novela* (254)[19]— es equiparable al programa pre-situacionista de «embellecimiento racional de la ciudad de París», que entre otras acciones conducentes a «favorecer la deriva» recomienda que en las estaciones de trenes «se supriman o trastoquen deliberadamente todas las indicaciones relativas a las salidas (destinos, horarios, etc.)», así como «acentuar el ambiente acústico de las estaciones mediante la difusión por

---

[19] El marcado cariz «confusionista» que comparten las propuestas de Macedonio y el situacionismo puede vincularse, más allá de sus antecedentes dadaístas y surrealistas, con la estética romántica de Friedrich Schlegel, que en su *Diálogo sobre la poesía* (1800) propone como meta de ésta «suspender las leyes de la razón para recuperar la bella confusión de la fantasía, el caos originario de la naturaleza humana» (1982: 502). Por lo demás, el famoso fragmento 116 del *Athenäum*, donde Schlegel plantea un programa utópico de confusión de géneros y planos discursivos y existenciales, prefigura algunas de las inquietudes macedonianas y situacionistas: «La poesía romántica es una poesía universal progresiva. Su aspiración no es sólo volver a unir los distintos géneros literarios y ponerlos en contacto con la filosofía y la retórica, sino mezclar y confundir poesía y prosa, genio y crítica, poesía natural y artificial, hacer viva y sociable la poesía y poéticas la vida y la sociedad, hacer del ingenio un arte y saturar las formas artísticas con materias primas de todo tipo e insuflarles el espíritu caprichoso del humor. [...] La forma poética romántica aún está en camino; pues ése es su auténtico ser: devenir siempre sin poder llegar a su forma definitiva» (ibíd.: 38-39).

megafonía de anuncios procedentes de otras estaciones» (Debord 2006: 215). El
proyecto letrista-situacionista de estetización *política* (término cuya etimología no
en vano remite a lo concerniente a la urbe) incluye una serie de medidas icono-
clastas que están en consonancia con la crítica de la representación y en general
con el campo de operaciones de lo que hemos llamado «fin de la pintura» (o lo que
Macedonio llamaría su «etcétera»): «Abolición de los museos y distribución de las
obras maestras en los bares»; «Desmantelamiento de las estatuas que han perdido
su sentido y cuya posible renovación estética sería de antemano condenable desde
un punto de vista histórico» (ibíd.). En otro texto de Guy Debord, «Crítica de la
geografía urbana» (1955), esta última propuesta adopta una variante donde el humor del absurdo se trenza con el *pathos* de una contundente carga política: «Reunir sin orden ni concierto en un mismo plano desértico [...] las estatuas ecuestres
de todas las ciudades del mundo. Ello ofrecería a los paseantes —el futuro les per-
tenece— el espectáculo de una sintética carga de caballería que incluso podría servir de recordatorio de las mayores masacres de la Historia» (ibíd.: 208). La aversión a las estatuas y en general a toda índole de representación monumental es
bien conocida para el lector de Macedonio. En el *Cuaderno de 1939* anota, por
ejemplo: «¿Qué es la estatua en una plaza, además de apretapapel para que no se la
lleve el viento? Es la dispepsia del día lunes plagando el gozo del retiro del domin-
go» (8). En el cortometraje de Guy Debord *Sobre el paso de algunas personas por
una brevísima unidad de tiempo* (1964) hay un gesto de análoga aversión a los mo-
numentos: «cada vez que la cámara corre el riesgo de toparse con un monumento,
se lo evita filmando a la contra el *punto de vista del monumento* (en el sentido en
que el joven Abel Gance filmara el *punto de vista de la bola de nieve*)» (2006: 486).
El escamoteo de la representación monumental por medio de una toma subjetiva
que reduce al absurdo el espectáculo del monumento es una técnica que tiene su
equivalente literal en el texto de Macedonio del que parten las consideraciones de
este libro. En «Psicología del caballo de estatua ecuestre», punto de arranque de
nuestra exploración, lo decisivo es el destello de la idea contenida en el título, pues
más allá de la dedicatoria «en homenaje al tricentenario del ignorarse todo en Zo-
opsicología» (11), se trata de un texto que, fiel al principio de deriva, se reduce a
una serie de relampagueantes digresiones, y sólo en la última línea reaparece el
asunto prometido en el título en la forma característicamente macedoniana del
«etcétera», como tema a tratarse en otro lugar: «En la próxima conferencia se tra-
tará este tópico, y lo que queda de Psicología del caballo, etc.» (12).

La misma crítica de la representación, ligada a la reflexión sobre el «fin de la
pintura» y a un proyecto general de superación de la estética, se detecta en muchos

de los pronunciamientos situacionistas. Debord afirma que los cuadros del Louvre apenas pueden rivalizar en belleza con los planos del metro de París y agrega: «Huelga decir que cuando hablo de belleza no me refiero a la belleza plástica —la belleza nueva no puede ser sino belleza de situación» (2006: 208). Lo que concuerda con lo que proclama el «Informe sobre la construcción de situaciones» (1957): «Lo que cambia nuestra manera de ver las calles es más importante que lo que cambia nuestra manera de ver la pintura» (ibíd.: 327), o con la versión más conciliadora de la misma idea que propone Debord en su «Crítica de la geografía urbana», donde la pulsión iconoclasta es atenuada por un proyecto transmedial: actualizar en el espacio urbano las visiones arquitectónicas de la pintura surrealista de Giorgio de Chirico, de suerte que «inquietantes barrios de columnatas podrían algún día continuar y completar lo sugerido en sus cuadros» (ibíd.: 207). La crítica de la representación y la puesta en deriva de los parámetros del juicio estético explica que en la escritura de Macedonio coexistan el gesto de «escribir mal y pobre» (7, 54) y su auto-figuración literaria como «Polígrafo del Silencio» (*Museo*, 43). Esos gestos macedonianos hacen juego con las «pantallas en blanco» que proliferan en los filmes de Debord mientras en la banda sonora prosigue el discurso de la voz *en off* —un efecto similar al que se produce al final del relato de Macedonio «Cirugía psíquica de extirpación», donde la hipertrofia de la voz *en off* (el discurso humorístico-teórico de las notas a pie de página) hace que ésta acabe discurriendo, literalmente, sobre páginas en blanco—. Otro tanto cabría decir de la estrategia de «mala» escritura cinematográfica que promueven dichas películas por medio de intertítulos con consignas meta- o para-fílmicas, o de la reivindicación del «pintar mal» que propone el artista plástico Asger Jorn en sus «modificaciones» —cuadros mediocres hallados en mercadillos, libérrimamente retocados por el autor—. En el prólogo al catálogo de una exposición realizada en París en 1959 el artista situacionista danés declara: «En esta exposición erijo un monumento en honor de la mala pintura. Personalmente la prefiero a la buena. [...] Se trata de pintura sacrificada. [...] La pintura ha llegado a su fin. Más valdría darle el golpe de gracia» (Jorn 1959: 142). Tales prácticas se podrían sintetizar en el lema de *La sociedad del espectáculo* según el cual «no se trata de una negación del estilo sino de un estilo de la negación» (Debord 2006: 1203). Así, en la versión fílmica de *La sociedad del espectáculo* uno de los mencionados «cartones» para-fílmicos exhibe la leyenda: «A esta película se le podría reconocer aún algún valor cinematográfico si mantuviera este ritmo; pero no lo mantendrá» (ibíd.). Análogamente, hacia el final de *Sobre el paso de algunas personas...* a una pantalla en blanco sigue un plano del equipo de rodaje en torno a una cámara mientras se oye *en off* la siguiente reflexión metafílmica: «Incluso si esta película lograra ser tan esencialmente incoherente e insatisfactoria como la realidad de la que trata, nunca será más que una reconstrucción —pobre y falsa como este *travelling* malogrado» (ibíd.: 481). En efecto, el *travelling* que acompaña a este discurso anti-diegético es una toma defectuosa de un plano ya visto al principio de la película, elegida deliberadamente, según revela el guión, por ser «la peor toma, en la que se acumulan los fallos: gente que entra en campo a destiempo, reflejos de un proyector, sombra de la cámara, panorámica final congelada indefinidamente» (ibíd.). Esta estrategia de cortes, interrupciones y repeticiones[20] corresponde a un «estilo que contiene su propia crítica» y parte de la premisa de que «la verdad no es como un producto en el que no se detecta huella alguna de la herramienta» (ibíd.: 1204). Como Debord, Macedonio propugna un tipo de texto en el que se nota «su esfuerzo de trabajo de pensar escribiendo» (*Museo*, 34) y una «lectura de irritación» a base de cortes, saltos e incongruencias: «Novela cuyas incoherencias de relato están zurcidas con *cortes horizontales* que muestran lo que a cada instante hacen todos los personajes de la novela» (*Museo*, 9; énfasis del autor).

En la exploración de la ciudad como teatro de operaciones de un múltiple «fuera de campo», el procedimiento situacionista por excelencia, junto a la deriva, es el *détournement*. Un manifiesto de 1958 lo describe así: «uso desviado de elementos estéticos prefabricados. Integración de producciones artísticas actuales o pretéritas en una construcción superior del medio circundante. En este sentido no hay pintura o música situacionista sino un uso situacionista de esos medios. En un sentido más elemental, el desvío en el ámbito de las antiguas esferas culturales es un método de propaganda que atestigua el agotamiento y pérdida de relevancia de tales esferas» (Debord 2006: 359). En la definición del *détournement* como uso desviado de lo prefabricado es notoria la filiación con el *ready-made*, de la que asimismo da cuenta el ensayo «Manual de uso del *détournement*» (1956) firmado por Guy Debord y Gil Wolman. En ese texto la alusión a un célebre *ready-made* de Duchamp sirve para marcar el punto de partida de un proceso que el programa situacionista aspira a continuar a la vez que a superar[21]:

---

[20] Para un análisis de las secuencias repetidas en los filmes de Debord, véase Agamben (2002).

[21] La obra aludida —una tarjeta postal de la *Gioconda* que Duchamp retoca añadiéndole bigotes y perilla—es la obscenamente titulada *L.H.O.O.Q.* (1919), iniciales cuya pronunciación en francés sugiere la frase: «Elle a chaud au cul» (algo así como «La del culo caliente»). La obra de Duchamp es asimismo aludida (e implícitamente remotivada) en una de las «modificaciones» situacionistas de

Se trata, desde luego, de ir más allá de toda idea de escándalo. Puesto que la negación de la concepción burguesa del genio y del arte es cosa del pasado, los bigotes de la Gioconda no presentan mayor interés que la primera versión del cuadro. Ahora es el momento de llevar este proceso hasta la negación de la negación. Más que Duchamp, la práctica de Bertolt Brecht [...] de introducir cortes en los clásicos teatrales para hacer la representación más educativa se acerca a las consecuencias revolucionarias que reclamamos (Debord 2004: 222).

Afirmación que se complementa con el *caveat* de que las propuestas situacionistas «no deberían entenderse como una continuación de la representación teatral. Pirandello y Brecht ya revelaron la destrucción del espectáculo teatral e indicaron algunos de los requisitos para superarlo. Se podría decir que la construcción de situaciones reemplazará al teatro» (Knabb 1981: 43). En cierto modo, en la indagación situacionista de un más allá del «fin de la pintura» que se anuncia y realiza en la obra de Duchamp, de lo que se trataría es de teatralizar y politizar el *ready-made*, de hacerlo operar en una dimensión transmedial que rebasaría los límites tanto de la pintura como del teatro y los modos convencionales de hacer política. El programa situacionista, como el proyecto de política-ficción macedoniano, puede verse entonces como el resultado de una serie de *détournements*, de un múltiple desvío y entrecruzamiento de «esferas» —práctica estética, teoría y praxis política, espectáculo teatral, utopía urbanística, etc.— que convergerían en una acción revolucionaria orientada a modificar la experiencia «psicogeográfica» de la ciudad y el orden socio-político que la sustenta.

En el «Manual de uso del *détournement*» se distingue entre un uso «menor» y un uso «abusivo» de este procedimiento. En el primer caso se trataría del desvío de «un elemento en sí irrelevante y cuyo sentido deriva enteramente del nuevo contexto en que se presenta. Así los recortes de prensa, una frase neutra, una fotografía vulgar y corriente» (Debord 2006: 223); en el segundo, se pone en juego «un elemento intrínsecamente significativo [...] que cobrará otra dimensión en un nuevo contexto. Por ejemplo, un eslogan de Saint-Just, una secuencia de Eisenstein» (ibíd.: 224). Esta modalidad se podría ilustrar a partir del relato de Borges «Pierre Menard, autor del *Quijote*», cuyo desenlace propone un *détournement* «abusivo» de un pasaje del *Quijote*, en virtud del cual el desvío en última instancia

---

Asger Jorn, *La vanguardia no se rinde* (1962) —un retrato al óleo de una niña a la que Jorn le añade perilla y un bigote vagamente hitleriano, así como, sobre fondo negro, el título del cuadro y un par de monigotes en torpes trazos a la manera del *art brut*—. En cuanto a las «modificaciones» de Asger Jorn, véase Gilman (2008: 150-163).

deviene irónica norma —un principio universal de productividad literaria: "la técnica del anacronismo deliberado y de las atribuciones erróneas" (450). En Macedonio no abundan los ejemplos de esta modalidad, si bien el campo de reflexión que abre en torno a la noción de plagio como «desvío creativo» es uno de los rasgos más notables de su escritura. Si el programa situacionista preconiza que «el plagio es necesario: el progreso lo implica» (ibíd.: 223), y ve en el *détournement* en cuanto desacato de la jurisdiccción autorial «el primer paso hacia un *comunismo literario*» (ibíd.: 225), una de las inquietudes recurrentes de Macedonio es lo que en el *Cuaderno de 1939* llama «La Plagioesfera o el Planeta compactamente escrito» (18). En efecto, en un texto de 1944, «El plagio y la literatura infinita», se propone la abolición del concepto de autoría y la «socialización de la inteligencia»:

> Podría no sólo legitimarse esta conducta [el plagio] sino realizar una gran escuela, o mejor, una revolución en el arte (pues el procedimiento puede extenderse de la literatura a las demás disciplinas artísticas). Proclamar la libre apropiación de los bienes del genio y del ingenio, o socialización de la inteligencia, si gustáis [...] (5).

El uso «menor» del *détournement* es en cambio frecuente en Macedonio: lo encontramos en lo que Waltraut Flammersfeld llamara los «géneros desfuncionalizables» (1993: 418) de *Papeles de Recienvenido*, efímeras formas literarias obtenidas a partir de un principio de desfuncionalización —la autobiografía escrita por otro; la carta no enviada, sin sobre, señas o texto; el brindis inasistente; la colaboración periodística que no colabora, etc.—. En un caso particularmente hilarante, la desmotivación y el desvío como estrategias de escritura llevan a la (micro)ficcionalización de un boleto de tranvía como municipal «trocito de literatura»:

> He aquí que en un tranvía acudí en socorro del culto viajero en momentos en que el guarda le quería obligar a comprarle ese trocito de literatura que sacan de una maquinita e imponen a cambio de 10 centavos. El guarda hizo lo que no se les ocurre a nuestros autores que se quejan de poca venta; consiguió un vigilante y sin convidarlo con nada obtuvo que opinara a favor de esa instrucción pública obligatoria (4, 111).

El *détournement* del boleto de tranvía tendría su versión doméstica en los «preguntadores de Macedonio», esa suerte de *ready-mades* de andar por casa que su hijo Jorge de Obieta evoca a propósito de un episodio de 1939:

> Un día, alguien ve que en el eje o en el «vástago» del rosal han colocado algo, una cosa absurda que podía ser una tetera chica, y en otro rosal habían colocado una lata

y en otro una cosa también insólita. Entonces alguien preguntó qué significaban esos objetos extraños colocados sobre los rosales y Consuelo Bosch, que tenía un gran sentido del humor y que conocía también el de papá, respondió: «Son los preguntadores de Macedonio». Él sentía mucha satisfacción colocando esas cosas para que la gente preguntara (Abós 2002: 148).

El boleto-texto, en cuanto objeto desviado de su función habitual, sería primo hermano del «título-texto» y el «auto-prólogo» del *Museo de la Novela* —un título o prólogo «seguidos de nada»: «no subordinado su ser algo a que algo los siga» (101)—. En el citado «Manual de uso del *détournement*» se propone que «los mismos títulos [...] son un elemento fundamental de *détournement*» (Debord 2006: 228). El desvío del vínculo orgánico con la obra que sugiere un título situacionista como *De las sensaciones térmicas y los deseos de la gente que pasa por delante de la verja del museo de Cluny aproximadamente una hora después de la puesta de sol en noviembre* —el título de una composición espacial «metagráfica» formada por el juego de luces y las trayectorias de las bolas de una máquina tragaperras (un «milloncete»)— es comparable a la autarquía de los títulos de Macedonio, que por su extensión y morosidad amenazan con devenir «obra» —así, por ejemplo: *Arreglo de papeles que dejó un personaje de novela creado por el arte, Deunamor el no existente caballero, el estudioso de su esperanza*; o bien: *Novela de la «Eterna» y la Niña de Dolor, la «Dulce-Persona» De-Un-Amor que no fue sabido (Con la Doctrina de la Artística)*—. Al igual que los títulos duchampianos y situacionistas, los de Macedonio tienden a desviarse de su conexión orgánica con la obra que designan, asumiendo un protagonismo monstruoso: son títulos con cierta dosis de ilegibilidad, que cortocircuitan la continuación de la lectura o el ingreso en la obra —como sugería uno de los prólogos del *Museo de la Novela*: «Dejo hecho el título solamente, pues» (47).

UMBRAL: HACIA UNA CRÍTICA DE LA REPRESENTACIÓN POLÍTICA

Entre los usos del *détournement* propugnados por el programa situacionista se contempla «el desvío de novelas enteras», modalidad «con escaso futuro» a la que no obstante se reconoce cierta operatividad en una «fase de transición» (Debord 2006: 226). Lo más parecido a un uso «abusivo» o «autorial» del *détournement* en la escritura de Macedonio se perfila de hecho por esta vertiente. Sólo que en su caso se trataría de un uso «auto-abusivo»: un *détournement* de la propia obra. La predicción situacionista de que la práctica del *détournement* habría de provocar «la recuperación de infinidad de libros malos» (ibíd.: 225), se ve retrospectivamente confirmada por la práctica «precursora» de Macedonio. Hacia 1938 éste reescribe una novela «mala», *Adriana Buenos Aires,* cuya primera versión data de 1922, aplicándole una delgada capa de discurso paratextual y metanovelesco que llama la atención sobre su carácter artísticamente retrógrado o pasatista —en la medida en que incurriría en el «ilusionismo» de la representación narrativa— y la hace funcionar, en un nuevo contexto impregnado por el imaginario de las vanguardias, como «última novela mala» en conjunción con su utópica e imposible pareja, la aún no del todo escrita (o en continuo proceso de des-escribirse y efectivarse en campaña político-ficcional) «primera novela buena» —el *Museo de la Novela de la Eterna*[22]—. Desde esta perspectiva, el proyecto de política-ficción de Macedonio puede verse como un ejercicio de *détournement* cuya eficacia, en los dos sentidos indicados, pondría en juego el contexto cultural local y los procesos globales de modernización. En un sentido «autorial» (si bien no exclusivamente literario o artístico) la campaña presidencial macedoniana sería el humorístico *détournement* de su más notorio precursor en la historia argentina: el proyecto político-literario de Sarmiento y la trayectoria que puede leerse desde ese texto híbrido y fundacional de la literatura argentina que es el *Facundo* (1845) hasta la exitosa candidatura que llevó a su autor a detentar la presidencia de la República entre 1868 y 1874. Bien es cierto que, en cuanto negativo fotográfico o inversión cómica de la ideología del progreso que informa el proyecto de Sarmiento, la campaña presidencial macedoniana, basada como la de Sarmiento en la «efectivación» política de un texto notoriamente transdisciplinario que juega a la vez por dentro y por fuera de la literatura, se diría concebida con el paradójico propósito de hacer imposible toda continuación del relato o aurático advenimiento al poder[23].

Por otra parte, en un sentido «menor» (si bien no ajeno a una dimensión global o hegemónica) la campaña político-ficcional macedoniana puede verse como proyecto de construcción de una situación democrática *desviada*, donde las convenciones del proceso electoral —el objeto «vulgar y corriente» del que se trataría en este caso— son remotivadas para incitar a una reflexión sobre los mecanismos del poder y los vínculos entre política y ficción (o si se quiere, entre

---

[22] Sobre la reescritura de *Adriana Buenos Aires* y el díptico macedoniano de la «última novela mala» y «primera novela buena», véase el capítulo final de este volumen.

[23] En cuanto a las afinidades y divergencias «presidenciales» del caso Sarmiento-Macedonio, véase Camblong (2006: 65-84).

masificación y espectáculo) que generan los procesos de modernización. Desde esta perspectiva se perfilan varias vías de análisis. Si entendemos la campaña presidencial de Macedonio como una acción que se inserta en un proyecto más amplio de crítica de la representación, discernir los distintos hilos —metafísicos, estético-literarios, políticos— con que se entreteje esa crítica sería tan decisivo como considerar el proyecto presidencial —incluyendo, como pieza clave del engranaje, el *Museo de la Novela*— en conjunción con sus textos de teoría política, desde el anarquismo libertario que informa su «Teoría del Estado»[24] a las reflexiones dispersas en una trayectoria textual fragmentaria y en gran parte inédita que abarca varias décadas de escritura. Dos pasajes entresacados del *Cuaderno de 1939*, traídos a colación aquí como posible umbral de otros comienzos antes que con cualquier ánimo de conclusión, pueden dar una idea de los modos en que se articula esa reflexión teórica nómada. En ellos la teoría política —una tesis sobre el fundamento de la autoridad a partir de la correlación saber/poder— coexiste, de acuerdo con el procedimiento macedoniano de la deriva (o como él mismo lo llama: «prosa a timón roto en zig zag»), con su deshilachado ficcional y mutación en un cómico apólogo que viene a funcionar como ejercicio práctico de reducción al absurdo de la autoridad:

Político real es el constituidor de una vasta obediencia de inteligentes a más inteligentes en que se confiere bellamente, con grácil humildad, 1º los grados de facultad del Conocer, 2º la no dependencia entre Inteligencia e Intención Altruística e. d. que la misma cualidad altruística del ánimo cabe en inteligencias desiguales, o sea que la Inteligencia es sólo un medio diversamente poseído por ánimos iguales en dirección e intento e intensidad, 3º que en ciertas circunstancias o momentos es una pérdida grande e inútil, una pérdida inejecutiva la labor de enseñar, demostrar, persuadir retardando la Ejecución por Mando. El Mando ha nacido por esto por el concurrir la igualdad de intención y desigualdad del Conocer (15).

Inmediatamente después de este pasaje, se lee lo siguiente[25]:

---

[24] Sobre las ramificaciones anarquistas del pensamiento político de Macedonio, véase Garth (2006: 89-118).

[25] El pasaje que sigue aparece reproducido casi al pie de la letra en una versión más larga del apólogo publicada en la segunda edición de *Papeles de Recienvenido* con el título «Al mucamo nuevo» (1944b: 264-265). La omisión en la versión publicada del fragmento de teoría política que en el *Cuaderno de 1939* da pie al microrrelato humorístico altera sensiblemente sus proyecciones de sentido en cuanto fragmento de una suerte de «micropolítica» de la vida cotidiana —lo que sugiere hasta qué

Prosa a timón roto en zig zag en busca de la vereda de enfrente, con un episodio de identificación de esta particular vereda y una enseñanza implícita del saber mandar y el saber ejecutar:

Al mucamo nuevo
Y bien si te llamas Esteban ten esta moneda y cuando pase un dentista vendiendo fósforos por las puertas le compras con estos 20 ctv. (señalando el lado cara de la moneda) veinte centavos de medias del pie izquierdo. Luego te encaminas a la Casa de Música de la vereda de enfrente de Cabildo y le dejas al comerciante en seña esta cara y el canto de la moneda —ya comprenderás que no habrás gastado de los dos lados los 0.20— y le compras un piano de 0.70 fijándote bien que quepa en mi pieza (16).

Otro pasaje del mismo cuaderno revela las reservas de Macedonio en cuanto a los procesos democráticos masivos: «El Recuento Electoral es una contabilidad de ceros. Y no porque despreciemos opiniones populares sino porque no hay en estas opiniones sino intereses o servicios de amistad o gratitud» (20). Tales reflexiones sobre las relaciones de poder (y sus correspondientes ficciones) en la democracia de masas sugieren lo productivo de un análisis que reconsidere el pensamiento político implícito en la campaña presidencial de Macedonio tanto a la luz de sus ramificaciones transdisciplinarias en el panorama global de la cultura moderna del siglo XX (lo que hemos procurado explorar en este capítulo) como en sus proyecciones culturales en el contexto argentino. El cruce de política y ficción en un proyecto intermedial que discurre por (y sobre) el borde exterior de lo literario permite leer al Presidente de la Novela macedoniana como figura emparentada con los conspiradores-tiranos «autoriales» de la narrativa y la dramaturgia arltiana (el Astrólogo, Saverio el cruel), cuyos delirios políticos análogamente se mueven en un espacio intermedio entre literatura, teatralidad y lo que a grandes rasgos podríamos llamar «fotografía de masas» (cine, periodismo, folletín, etc.)[26]. No menos productivo sería examinar la convergencia siniestra de ficción y espectáculo en la esfera pública —la otra cara de la moneda político-ficcional, por así decir— en el contexto de la historia moderna europea y argentina, cuyos lineamientos básicos, desde la «estetización de la política» (en la

---

punto un estudio crítico de los cuadernos inéditos podría contribuir a reconfigurar los mapas de lectura de Macedonio.

[26] Para un análisis de lo que Ricardo Piglia llama las «relaciones cifradas» entre la novela argentina y «las maquinaciones del poder» (177) —un cruce que en gran medida informa su propia narrativa—, véase su ensayo «Ficción y política en la literatura argentina» (1987).

célebre fórmula de Benjamin) en los fascismos de los años treinta hasta las esce-
nografías populistas del peronismo en los cuarenta y cincuenta y la «guerra sucia» de los ochenta[27], tanto la campaña presidencial-novelesca de Macedonio
como las febriles invenciones arltianas prefiguran oblicuamente. De la crítica de
la representación en la tradición filosófica y artística de la modernidad a la crítica de la representación política en la era de los medios masivos: en el arco que recorre la escritura macedoniana se esboza un horizonte de análisis que por la vertiente de las relaciones entre literatura y espacio público permitiría articular una
serie de escenas y zonas de fricción determinantes en la cultura moderna argentina. Ése sería otro comienzo, colindante con el delineado aquí, otra búsqueda
de camino para la diversidad de trayectorias —la movediza sombrología, más
allá de todo cuadro— de los «asuntos literario-políticos» de Macedonio.

---

[27] Véase Benjamin, «La obra de arte en la época de su reproductibilidad técnica» (1935). En
cuanto a las estrategias de teatralización del espacio público vinculadas al terror totalitario durante
la «guerra sucia» (1976-1983), véase el excelente estudio de Diana Taylor, *Disappearing Acts* (1997).

4.

Vanguardia y mala literatura*

Au fond de l'Inconnu pour trouver de *nouveau*!
CHARLES BAUDELAIRE

«Al fondo de la literatura mala, para encontrar la buena, o la nueva, o la buena nueva» (1995: 29). En esta peculiar versión del famoso verso final de *Les fleurs du mal* (1857) César Aira sitúa su proyecto narrativo no sólo en lo que Octavio Paz llamara la «tradición de la ruptura» (1990: 17) sino en una tradición dentro de esa tradición que arraiga con particular vigor en el Río de la Plata: aquélla que promueve la práctica de una «mala» escritura como el modo más certero de llegar a lo nuevo. En sus manifestaciones más radicales, por la contracara de lo nuevo, esa tradición se da como proyecto de salida de la institución literaria —como derogación de la «autonomía» artística (ibíd.: 47) que Peter Bürger destacara como uno de los rasgos distintivos de las prácticas vanguardistas. En efecto, el lema de Aira no sólo reformula a Baudelaire sino también, y sobre todo, parafrasea a Macedonio Fernández, cuyo proyecto de la «última novela mala» y «primera novela buena» (4, 91) inaugura en las letras argentinas una tradición de escritura que se podría resumir en la combinación de las cifras «vanguardia» y «mala literatura».

La apelación a una «literatura mala» en el sentido de los géneros bajos o menores, aun cuando juegue un papel evidente en la narrativa de Aira, tal vez sea menos decisiva que la práctica de una «mala» literatura en el sentido de una escritura antirretórica, desaliñada y calculadamente negligente. La de Aira es una escritura que atenta contra el decoro de lo que el propio Aira llama «bel letrismo» (Saavedra 1993: 139) y contra la eficacia adocenada de la literatura comercial: contra lo alto y contra lo bajo, contra los discursos que funcionan «bien» cualquiera que sea su

---

* Una versión previa de este capítulo apareció como «Vanguardia y mala literatura. De Macedonio a César Aira», en *Tigre. Revue de l'Université Stendhal*, Número hors série, «César Aira, une revolution», 2005, pp. 181-194.

registro. Una escritura, así pues, que hace usos aberrantes —que escribe «mal»—
tanto la «buena» como la «mala» literatura. En *Cumpleaños*, Aira habla de la fecundidad de lo malo en el arte, que argumenta así: «lo malo es más fecundo que lo
bueno, porque lo bueno suele producir una insatisfacción que inmoviliza, mientras que lo malo genera una inquietud con la que se renueva la acción» (2001b:
44). No es de extrañar que Aira se refiera a sus propias novelas, elogiándolas implícitamente, como «auténticos *tours de force* de la chapucería» (ibíd.: 97).

Si la literatura de Aira se distingue por lo que Sandra Contreras acertadamente llama las «vueltas del relato» (2002: 12) —vuelta *al* relato tras los experi-
mentos anti-narrativos de los años sesenta; vuelta incesante *del* relato en sus narraciones—, esa insistente vuelta del relato sería tan significativa como aquello
que la hace posible: un continuo abandono del relato. A partir de ese abandono,
cabría explorar un tercer sentido de las «vueltas» de la ficción airiana: la «vuelta
al revés» del relato, tal y como se vuelve del revés un guante, dejando a la vista su
forro interior, obsceno e informe. Aunque casi sería más justo hablar de la «media vuelta» del relato: como un guante a medio volver, que no se sabe bien de
qué lado va, si del lado de la fábula o del envés de lo real; o, mejor aún, como un
guante-globo a medio inflar, que lo mismo se hincha hasta un máximo de invención que se desinfla de golpe, con el resoplido irrisorio de una brusca caída
de la ficción en lo real. En este sentido, sería posible leer esa vuelta al relato de
Aira no sólo como un gesto contra la narrativa neovanguardista de los años sesenta (lo que sin duda es en parte) sino también como otra forma de hacer vanguardia, como propuesta que renueva una tradición de «mala» escritura cuyos
orígenes se remontan a las vanguardias históricas. Explorar el parecido de Aira y
Macedonio, postular su condición de escrituras «mellizas», implica delinear el
arco histórico de una modalidad de escritura que recorre de principio a fin el siglo XX y, crucialmente, la literatura rioplatense, que ha dado algunos de los me-
jores «malos» escritores de la literatura moderna[1].

La narrativa de Aira empieza a adquirir un aire decididamente vanguardista
a partir de una cierta concepción de la literatura como provocación —concepción vinculable a estrategias de «mala» escritura que proponen la frustración radical de las expectativas (de género, de sentido, de registro discursivo, etc.) como

---

[1] En la constelación de prácticas de «mala» escritura orbitan, junto a Macedonio y Aira, auto-
res rioplatenses como Roberto Arlt, Felisberto Hernández, Copi, Osvaldo Lamborghini, Alberto
Laiseca, Alejandra Pizarnik, Néstor Perlongher, Marosa di Giorgio, y entre los más jóvenes, Sergio
Bizzio, Daniel Guebel, Oliverio Coelho, Gabriela Bejerman y Wáshington Cucurto, entre otros.

móvil preeminente del texto—. Como declara en su «Ars narrativa», «nunca me importó relatar, ni en general hacer nada que espere el lector: mis libros son novelas por accidente» (1994b: 2). Aira cultiva una forma de agresión textual que a menudo adopta la forma de la «broma pesada» o la tomadura de pelo, en la mejor tradición dadaísta y surrealista. Así la impropiedad del título de su novela *Cómo me hice monja* (1993) ostenta un notable parentesco con la del filme de Buñuel *Un perro andaluz* (1929) —tan enteramente desprovisto de perros o de andaluces como la novela de Aira lo está de monjas—. La broma o la provocación en *Cómo me hice monja* es triple: una irresoluble contradictoriedad socava el título, la voz narrativa autobiográfica y el género del narrador —un hablante femenino identificado como «el niño Aira» (1993a: 60) que muere asesinado a los seis años. Es la misma contradicción que plantea *El llanto* (1992) entre la infelicidad de un narrador divorciado, cuya única compañía a lo largo de la novela es su perro Rin-Tin-Tin, y el «final feliz» en que ese narrador resulta ser el escritor César Aira, que inexplicablemente se va a dormir con su esposa en la última página. O bien la que hace que el protagonista de *Varamo* (2002), quien «nunca había escrito poesía, ni la había leído» (2002a: 9) y cuya única ambición estética es embalsamar «un pez tocando el piano» (ibíd.: 35), se convierta en autor de la obra maestra de la poesía vanguardista panameña, cuyo improbable título no es otro que «El Canto del Niño Virgen». Por el descaro con que nos colocan ante un colapso de sentido, estos cortocircuitos textuales comparten un aire de familia con algunos artefactos duchampianos y macedonianos. Así, el titulado *Para mirar (por el otro lado del cristal) con un solo ojo, de cerca, durante casi una hora* (1918) ignora de manera parecida el bienestar hermenéutico del lector, por el abismo que abre entre título y contenido, entre sentido y contexto. Las inscripciones autobiográficas incongruentes de *El llanto* y *Cómo me hice monja*, y en general de toda la narrativa de Aira, recuerdan por otra parte a los chistes o «imposibles» autobiográficos de Macedonio, que en *Papeles de Recienvenido* (1929) propone «la autobiografía de un desconocido, hasta el punto de no saberse si es él» (97) o la no menos improbable «innovación de una autobiografía hecha por otro» (7, 148)[2]. A la lógica de la provocación bromista obedecen también los títulos ilegibles de Macedonio: es el mismo desafío o estremecimiento del sentido que plantean formas textuales imposibles como el título-texto, la

---

[2] Patrick O'Connor propone una descripción en términos autobiográficos de *Cómo me hice monja* que se podría aplicar en buena medida a *Papeles de Recienvenido*: «a debunking of the heroic, humourless autobiographical and fictional tradition from Sarmiento to Joyce» (2001: 268).

tapa-libro, o la misma idea de una novela diferida por una interminable sucesión de prólogos. Macedonio llama a esto «irritación lectriz» (*Museo*, 68): su objetivo, nos advierte, no es otro que propinar «un chichón de lectura en la frente del leer» (ibíd.: 100). Desde luego no es imposible suturar las fallas de sentido que proponen estas obras —no sería imposible, por ejemplo, argüir que el «perro andaluz» de Buñuel en realidad es Lorca, o explicar la muerte y la confusión genérica del narrador de *Cómo me hice monja* como alucinaciones de un narrador infantil, o bien buscar sentidos metafóricos o encriptados en el título[3]. Es cuestionable, sin embargo, que tales ejercicios contribuyan a iluminar unos textos que escasamente fomentan las interpretaciones —más bien se diría que éstas tienden a opacar lo más original de su planteamiento: la delicia de un sinsentido, el placer de la provocación, el juego de querer «hacerlo mal».

Como cultivador de una «mala» escritura, Aira propone una forma de utopía literaria que se podría describir como una suerte de pasión anti-hermenéutica: «En Copi —como por otras razones en Osvaldo [Lamborghini]—, el continuo se percibe en que uno puede leer sin detenerse nunca a buscar un sentido, porque éste se desplaza indefinidamente hacia adelante. Ésa sería, para mí, la utopía de la literatura» (Saavedra 1993: 136). Esa pasión anti-hermenéutica, la propuesta de una «ficción desgajada de la interpretación» (Montaldo 1990: 106), la comparten también Macedonio Fernández y Marcel Duchamp, con la salvedad de que en éstos, en vez de como una «continua» huida hacia adelante, la evasión del sentido se daría como utopía de interrupción total —como ideal de «no escritura»—. Si Aira —como Copi, hasta cierto punto— nos da la «novela sin fin», Macedonio practica la «novela que no sigue» (*Museo*, 7). Ahora bien, más allá de las distintas direcciones en que se decanta la utopía en estas escrituras, es significativo el hecho de que ambas den forma a una misma pasión —el hecho de que compartan un impulso utópico, toda vez que la noción de utopía enhebra implícitamente las de vanguardia y «mala» literatura—. Una literatura que se propone como utopía —i.e. como imposible— no puede no fracasar, no puede dejar de ser «mala». A su vez, la definición más elemental que se podría dar de una literatura o un arte vanguardista sería: aquélla literatura o arte que deliberadamente fracasa; aquélla que no quiere encajar, que no es inteligible dentro de los parámetros de lectura de una determinada época, discurso o disciplina.

---

[3] Así, por ejemplo, Daniel Link interpreta el título de esta novela como un anticipo en clave de su desenlace, a partir de los códigos del habla popular y la práctica del *vesre*, leyendo al revés «monja» como «jamón», es decir, «fiambre», «muerto» (Astutti 2002: 162).

La centralidad del fracaso en los proyectos artísticos de vanguardia que Aira toma como modelo se puede constatar en la fiereza con que se burla de las visiones del artista como *success story*. Tomemos, por ejemplo, su relato «Cecil Taylor» (1988), un homenaje al polémico pianista de *jazz* que puede leerse como una parodia y una provocadora reducción al absurdo de «El perseguidor» de Julio Cortázar. Sería difícil encontrar algo edificante o prometedor —algo de ese aura, ese «nacarado» tan evidente, por contraste, en el Charlie Parker de Cortázar— en la figura patética de Cecil Taylor según la escribe Aira —un músico «genial» cuyas actuaciones invariablemente suscitan la pregunta: «¿No habrás querido tomarnos el pelo?» (1992b: 140)—. De eso se trataría justamente en un texto como *Duchamp en México* (1996): de llevar al extremo la lógica de la provocación y la tomadura de pelo, de llevarla hasta un punto en que ésta estalla y revela un nuevo horizonte de valores. Así es como un texto que se plantea, como muchos de Aira, como pura broma narrativa —como relato de algo tan insignificante o banal que roza el ideal macedoniano de la escritura de nada o casi nada— degenera en una ilegibilidad de la que sólo se sale por la mutación y permutación —la vuelta o «media vuelta»— de la ficción en teoría. La absurda historia del cálculo del dinero «ahorrado» en la compra de varios ejemplares de un libro sobre Duchamp deriva en la formulación fragmentaria, a rachas, de una poética de «mala» escritura que baraja indistintamente propuestas de Macedonio y de Duchamp. De hecho, aunque a Macedonio no se lo nombra explícitamente, muchas de esas propuestas son reconociblemente macedonianas, lo que produce la extraña impresión de que a lo largo del texto Aira está hablando de Macedonio «disfrazado» de Duchamp. Por ejemplo, un proyecto de libro aberrante como el de publicar las «reproducciones facsimilares de los *tickets* de compra de un libro» (1997a: 26) remite al gesto del *ready-made* —si bien la postulación de una literatura o una obra de arte en los boletos producidos industrialmente la encontramos ya en Macedonio, como vimos en el capítulo anterior: recordemos la microfábula del boleto de tranvía como «trocito de literatura» (4, 111)—. Ahora bien, en la descripción inmediata del proyecto de los «esquemas de novela» pasamos imperceptiblemente de los tintes duchampianos a la paleta discursiva de Macedonio:

> Un esquema de novela para llenar, como un libro para colorear. [...] Quizás su prestigio radique en ser el primero de los esquemas de novela, género que después podría popularizarse. En realidad, es un género nuevo y promisorio: no las novelas, de las que ya no puede esperarse nada, sino su plano maestro, para que las escriba otro. [...] Uno comprará los libros para hacer algo con ellos, no sólo leerlos o decir que los lee (16-17).

En *Duchamp en México* la práctica de una mala escritura definida como «improvisación sin estilo y [...] casi sin frases» (1997a: 12) o como «mínimo de sentido» (ibíd.: 13) linda con la utopía de una «no escritura» en la que reverberan acentos inequívocamente macedonianos: «Si [la operación] consiste en hacer las cuentas para no escribir la novela, lo que viene después tiene que ser usar la fórmula para no hacer las cuentas» (ibíd.: 29). Lo que se presenta al principio como narración mínima, casi al borde de su desaparición, deriva en la fórmula predilecta de Macedonio de la «no escritura» de un relato: en vez del relato, su boceto o esquema[4]; en vez del cuento, las «cuentas» teóricas —la especulación sobre cómo escribir el relato, la narración de una teoría de la escritura que en definitiva es lo que siempre «cuentan» los relatos de Aira, cuyo insoslayable antecedente en la literatura argentina son los ejercicios pseudo-narrativos de Macedonio Fernández.

Inherente a la lógica de la broma es una cierta falta de respeto —una falta de miramientos hacia las instituciones y los discursos consagrados—. Como en Macedonio, en Aira hay una constante irrisión de la figura del autor y una devaluación sistemática de la Literatura. Pero en el segundo se hace de manera complementaria a una revalorización de formas discursivas menores o desprestigiadas, de modo que la Literatura es demolida en aras de lo que Aira denomina «lo novelesco». Las novelas de Aira proponen la figura autorial burlesca, inepta y catastrófica del «escritor César Aira», una suerte de bufón de las letras argentinas cuyas banales obsesiones e ilimitados descalabros de percepción y comunicación, ya se trate del científico loco de *El congreso de literatura* (1997), del delirante padre de familia de *La serpiente* (1997) o del improbable curandero de *Las curas milagrosas del Doctor Aira* (1998), rivalizan en hilaridad con las hazañas no menos charlotescas e inverosímiles del «Recienvenido», errático trasunto autobiográfico del vagabundo autor Macedonio Fernández.

La burla de la figura del autor en la narrativa de Aira es consecuente con la proliferación de formas de escritura o representación degradada —así el «teatrillo» terapéutico-mágico de la Mae Gonçalva en *La serpiente* (1993) o, en esa misma novela, el libro de auto-ayuda «Cómo salir bien en las fotos»; la transcripción literal de las chapuceras notas de trabajo de un embalsamador *amateur*

---

[4] Recordemos que Macedonio describe sus ejercicios narrativos, antes que como «relatos» propiamente dichos, como «esquemas o estímulos teóricos o elementos posibles de cuento» (7, 69). El gesto de los «esquemas narrativos» —como tantos otros en esa suerte de estereofonía discordante que componen las escrituras de Macedonio y Borges— aparece también en Borges en la forma de «resúmenes de novela»: véase el prólogo de *El jardín de senderos que se bifurcan* (1941), que comento en el próximo capítulo.

en *Varamo* (2002); o la escritura al dictado como ingestión pantagruélica en el intermedio del auténtico espectáculo en *Los dos payasos* (1995)—. Lo que tienen en común estas figuras es que, en cuanto metáforas de devaluación, no sólo apuntan a un escarnio de la literatura sino también, en una suerte de alegoría autodeíctica, a una vindicación de la propia escritura de Aira como literatura «mala» o «menor»[5]. Aira nos da una literatura disminuida, en forma de «volante», octavilla de propaganda, como Macedonio nos da los «papeles volados» de Recienvenido: algo menos que literatura, miniatura que apenas quiere ser libro. Así, en *La serpiente*, a la visión del autor-pelele cómicamente descrito como «un ser mitad escritor, mitad botella de cognac» (1997b: 20) va unida la constatación de «lo inútil de escribir. Lo autoinútil» (ibíd.). Si por un lado apunta a una inutilidad o sinsentido de la escritura, por otro la imaginación airiana arraiga de manera singularmente productiva en esa inutilidad, que de manera análoga al manejo que hace Macedonio de lo «imposible» se convierte en núcleo de irradiación de una escritura sin fin.

No es infrecuente que estas formas de escritura devaluada —de literatura «mala» o «menor»— aparezcan en Aira asociadas a la noción de vanguardia. El Doctor Aira como escritor-curandero es a la vez el «editor vanguardista» Aira (1998b: 42), así como el oscuro «escribiente de tercera» (ibíd.: 7) y calamitoso embalsamador Varamo es el autor de la obra maestra de la poesía vanguardista panameña. Más allá de la broma de asociar formas prestigiosas y devaluadas de escritura, hay aquí un vínculo tan inherente al proyecto de Aira como al de Macedonio: vanguardia y mala escritura definen un modo de escribir por fuera del sistema, por los bordes precarios y funambulescos de la institución literaria. De hecho, es difícil resistir la tentación de leer *Las curas milagrosas del Doctor Aira* como un homenaje oblicuo a Macedonio. El Doctor Aira es patentemente César Aira pero también, *sotto voce*, Macedonio Fernández, como lo evidencia un somero repaso de sus respectivas trayectorias. Si el Doctor Aira es un escritor-curandero cincuentón, es conocida la leyenda de Macedonio como higienista de andar por casa y descubridor indolente de la penicilina, así como promotor de otros «milagros» naturistas y homeopáticos recopilados en su «Para una teoría de la salud»[6]. Pasada la juventud, cuando ya había vertido su pensamiento en dece-

---

[5] La noción de «literatura menor» fue propuesta por Gilles Deleuze y Félix Guattari en su seminal lectura de Kafka. Véase Deleuze/Guattari (1975).

[6] Una leyenda urbana porteña quiere que Macedonio se habría anticipado al Dr. Fleming al descubrir las bondades terapéuticas de ciertos hongos cultivados por la incuria hogareña de un autor inclinado a prolongar más allá de lo razonable la vida de los guisos caseros.

nas de cuadernos inéditos, el Doctor Aira decide publicarlos de manera periódica, como «obra abierta» (ibíd.: 40-42), proyecto editorial «vanguardista» análogo al de la publicación a ráfagas y a base de rumores del *Museo de la Novela* de Macedonio, obra que explícitamente se propone como «libro abierto»[7]. Asimismo, cuando el Doctor Aira se refiere a la necesidad del «componente autobiográfico» (ibíd.: 44) como garantía de la posteridad de la escritura, tan reconocible es aquí la teoría airiana del «mito personal del escritor» como las estrategias puestas en práctica por Macedonio. Se diría que Aira moldea su teoría del «mito del escritor» a partir del modelo que inaugura Macedonio en la literatura argentina: la biografía excéntrica como estrategia de escritura —modelo reencarnado en los escritores que Aira reconoce como maestros: Osvaldo Lamborghini, Copi, Pizarnik—. Una de las escasas referencias explícitas a Macedonio en el *corpus* airiano remite justamente a esta circunstancia: la «obra inexistente» de Macedonio como encarnación perfecta del «mito personal del escritor» (*Nouvelles impressions du Petit Maroc*, 1991b: 74). Y no sólo esta teoría sino la misma táctica airiana de publicación parece inspirada en el modelo macedoniano: la publicación frenética e incesante de libritos, «historiolas» (como caracteriza a *Ema, la cautiva* en la contratapa de la primera edición), «malas» novelas en múltiples sellos editoriales, propone una figura excéntrica en el panorama cultural contemporáneo, y en esa singularidad se puede percibir el reverso —la renovación— de la estrategia macedoniana de la no publicación —la publicación renuente, diferida o póstuma[8].

---

[7] En el «prólogo final» titulado «Al que quiera escribir esta novela» se lee: «La dejo libro abierto: será el primer "libro abierto" en la historia literaria, es decir que el autor, deseando que fuera mejor o siquiera bueno y convencido de que por su destrozada estructura es una temeraria torpeza con el lector, pero también de que es rico en sugestiones, deja autorizado a todo escritor futuro de buen gusto e impulso y circunstancias que favorezcan un intenso trabajo, para corregirlo lo más acertadamente que pueda y editarlo libremente, con o sin mención de mi obra y nombre. [...] Queda también esto, pues, como "empresa abierta"» (*Museo*, 253-254). La literatura argentina incluye una larga e ilustre nómina de «escritores futuros» que acometen el reto de reescribir el *Museo de la Novela* macedoniano —Julio Cortázar, Osvaldo Lamborghini, Ricardo Piglia, entre otros—. En esa nómina habría que incluir a César Aira como autor que opta por la modalidad, anticipada por Macedonio, de reescribir su novela «sin mención de obra y nombre».

[8] En cuanto a la estrategia de (des)aparición de su novela, Macedonio observa en uno de sus cuadernos inéditos: «Mi novela no perderá nada con que la conozcan, lo que hice por evitarlo es suficiente: treinta años de no escribirla: pero temo que no iguale el interés y amenidad que supe conferir al estilo y (†) de las promesas de escribirla que tuve el acierto de redactar en la mente del público [...]» (*Museo*, XLIV). En cuanto a la estrategia editorial de Aira, véase Montaldo (1998: 14).

En efecto, ¿cómo no ver en la figura del «Extravagante» que se propone encarnar el Doctor Aira, con su hogareño «teatro vestimentario unipersonal» destinado a la «creación de su mito personal» (1998b: 44) las ya casi fabulosas excentricidades domésticas e indumentarias de Macedonio?[9] ¿Cómo no reconocer la figura de Macedonio en la de ese «*bricoleur* filosófico, que traía en su auxilio ideas o fragmentos de ideas de otros campos» (ibíd.: 73)? La escritura continua del Doctor Aira, escritura «que no podía hacerse en bloque, de una vez» (ibíd.: 46), que incorpora los «ritmos de la vida privada y social en toda su heterogeneidad» (ibíd.), esa escritura «enciclopédica» como «totalidad abierta e infinita» (47), hecha de «huellas de fantasías fugaces, abandonadas» (ibíd.: 47) —¿no está todo esto entre las descripciones más certeras que se hayan dado de la escritura de Macedonio?—. ¿Qué mejor modelo de escritura «curativa» que la de quien dijo: «Yo todo lo voy diciendo para matar la muerte en Ella» (7, 128)?

El camuflaje de Macedonio en la escritura de Aira es digno de atención: explícitamente rara vez se lo menciona[10], pero aparece «disfrazado» con relativa frecuencia —disfrazado de Duchamp, de Doctor Aira o, incluso, de Roberto Arlt—. En efecto, en el ensayo que Aira le dedica a ese otro precursor argentino de la «mala» escritura, se lee lo siguiente: «El Gran Vidrio fue abandonado a medio hacer. Arlt dejó de escribir novelas a los treinta años, dato que no debería pasarse por alto. Es el *fuge, late, tace* de los cartujos, emblema de todo el arte de nuestro tiempo, en el que lo que importa no es tanto hacerlo, como encontrar el modo de dejar de hacerlo sin dejar de ser artista» (1997c: 68). Aquí Aira lee a un Arlt que se diría entreverado de Macedonio: lo compara con Duchamp y apela a un ascético «dejar de hacer» que aplicado a la ficción o al ejercicio literario en general tal vez le convendría más a Macedonio que a Arlt, quien al fin y al cabo tras dicho «abandono» siguió ejerciendo profesionalmente la escritura y publicando obras de teatro, artículos periodísticos, crónicas de viaje y narraciones cortas y no tan cortas —su última narración,

---

[9] La más célebre de las evocaciones de Macedonio —la que acuña Borges en el prólogo a su antología *Macedonio Fernández* (1961)— abunda en tales detalles anecdóticos: «No he conocido hombre más friolento. Solía abrigarse con una toalla, que pendía sobre el pecho y los hombros, de un modo árabe; una galerita de cochero o sombrero negro de paja podía coronar esa estructura (los gauchos arropados de ciertas litografías me lo recuerdan). Le gustaba hablar del "halago térmico"; ese halago, en la práctica, estaba constituido por tres fósforos, que él encendía a un tiempo y acercaba, en forma de abanico, a su vientre. La mano izquierda gobernaba esa efímera y mínima calefacción; la derecha acentuaba alguna hipótesis de carácter estético o metafísico» (14).

[10] A la mención de Macedonio en *Nouvelles impressions du Petit Maroc* cabría agregar la entrada que Aira le dedica en su *Diccionario de autores latinoamericanos* (2001).

Viaje terrible (1941), es una *novella* de sesenta y tantas páginas—. La táctica del camuflaje no se aplica sólo a Macedonio, por cierto: en el prólogo a las *Novelas y cuentos* (1988) de Osvaldo Lamborghini, Aira compone una figura que se podría describir como una suerte de Lamborghini «disfrazado» de Borges. Ahora bien, ¿cómo leer estos disfraces y velamientos? En lo que respecta a Macedonio, cabe sugerir que su huella en Aira sólo puede ser oblicua porque su figura, en el momento en que escribe Aira, está sobredeterminada en el campo de las letras argentinas, habiendo sido objeto de una productiva apropiación por parte de un escritor que Aira reconoce como maestro —Osvaldo Lamborghini— así como por parte de un escritor contemporáneo que postula como antagonista —Ricardo Piglia[11]—. Asimismo cabe observar que el camuflaje de Macedonio concuerda con las estrategias genealógicas que Aira desarrolla en su escritura. La genealogía literaria delineada por Aira tiende a privilegiar paradigmas argentinos de «vuelta al relato» —Borges, Arlt, Puig, Copi—, en tanto que la otra línea genealógica determinante en su poética —la tradición de la vanguardia— se construye con precursores predominantemente no argentinos, a excepción de Osvaldo Lamborghini —Duchamp, Cecil Taylor, Lautréamont, Mallarmé, Roussel— o bien ungidos por la «extranjería» de la poesía, como es el caso de Alejandra Pizarnik[12]. Así, los precursores vanguardistas son casi todos lejanos; los «padres» novelescos tienden a ser cercanos; de lo que se podría inferir un deseo de resaltar el perfil vanguardista de su escritura, que se recortaría con mayor nitidez en el contexto de la literatura argentina de fin de siglo, favorecida por esa táctica de camuflaje o velamiento de los precursores locales. En ese sentido, el silenciamiento de la figura de Macedonio es concordante con el camuflaje de Lamborghini, que Aira reivindica menos como escritor vanguardista o adalid de una «mala» escritura que —en una provocación concordante con las que abundan en su obra— como insuperable artífice de un «escribir bien» y como autor de textos «perfectos»[13].

Si seguimos rastreando el «parecido» de Macedonio y Aira, enseguida nos topamos con otro notable rasgo de familia: la práctica de la novela como mecanis-

---

[11] Sobre este punto, véase Contreras (2002: 25).

[12] Por lo demás, la extranjería —y aun la francofilia, en un guiño post-borgeano que se distancia deliberadamente de la anglofilia del más célebre escritor argentino— es el rasgo más conspicuo en la lista de escritores favoritos que ofrece en su *Diario de la hepatitis* (1993): «Mis escritores favoritos. Alguna vez tenía que hacer la lista: Balzac, Baudelaire, Lautréamont, Rimbaud, Zola, Mallarmé, Proust, Roussel» (25).

[13] El *leitmotiv* del prólogo de Aira a la primera edición de las *Novelas y cuentos* de Osvaldo Lamborghini es la pregunta: «¿Cómo se puede escribir tan bien?» (1988: 8). En otro prólogo, el que

mo productor de inverosimilitud sería la «marca de nacimiento» de estas escrituras. La novela airiana continuamente recurre al gesto de suspensión de la creencia en la ficción —lo que Macedonio llama «artilugios de inverosimilitud y desmentido de realidad del relato» (*Museo*, 38)—. Aira lleva hasta sus últimas consecuencias la premisa de que la ficción es *aquello que no tiene razón de ser*, como se sugiere en *La prueba* (2002): «no tenía razón de ser, era el shock ficción» (13). El relato aparece pintado sobre una tela translúcida que impide el olvido de lo real: la realidad siempre se transparenta a través de la tela, inverosimilizando la ficción. Es frecuente en Aira la estrategia macedoniana del descarrilamiento discursivo: momentos de interrupción, digresión o desvío de la ficción que la plantean como inverosímil y la hacen avanzar por el desfiladero de la incredulidad. «En realidad todavía no había pasado nada, eran sólo palabras», leemos en *El llanto* (1992a: 53), gesto análogo al de un memorable pasaje de *Papeles de Recienvenido* ya citado en este libro: «No lea tan ligero, mi lector, que no alcanzo con mi escritura adonde está usted leyendo. Va a suceder si seguimos así que nos van a multar la velocidad. Por ahora no escribo nada: acostúmbrese. Cuando recomience se notará» (178). Ahora bien, en este punto sería posible hacer algunas matizaciones en cuanto al «parecido». Si en Aira se interrumpe o pone en duda «lo que pasa», «lo que se cuenta», en Macedonio se interrumpe «lo que se escribe»; si en Macedonio el trabajo imaginario se concentra en el gesto inverosimilizador —gesto de expulsión de la ficción que muestra su «imposibilidad» —, la imaginación de Aira trabaja con igual alacridad la ficción y el gesto que la desacredita. Si por la radicalidad del gesto de suspensión de la fe novelesca los textos de Aira están directamente emparentados con los de Macedonio, por la energía imaginativa desarrollada en proponer ficciones que se dan como fantasmagoría o simulacro —guantes vueltos del revés tan pronto como vueltos del derecho—, Aira a veces recuerda al Gogol de *Almas muertas* (1842) o al Nabokov de *Invitación a una decapitación* (1959). De eso se trataría justamente en Aira: de ficciones decapitadas que aun así, increíblemente, siguen estando vivitas y coleando. Como aquel perro «hiperkinético y acéfalo» de *Las curas milagrosas*, las ficciones airianas se dan siempre como «milagro» de los «monstruos viables» (1998b: 17). Es la fórmula, que Macedonio también ensaya esporádicamente, del «zapallo que se hizo cosmos»: «Decíamos: es un monstruo, que no

presenta el *Teatro proletario de cámara*, la última e inconclusa obra de Lamborghini, se refiere a «la concentrada intensidad de los textos breves y "perfectos" con los que más de una vez había identificado su carrera de escritor» (2008: 7).

puede durar. Y aquí nos tenéis adentro» (7, 53). Las novelas de Aira nos ponen
continuamente en la situación de creer en lo increíble: son organismos al borde
de la disgregación, del «colapso sistémico» (*Las curas...*, 1998b: 33), que se
mantienen vivos «de puro milagro» —o como se sugiere en esa misma novela,
«por la fuerza de los milagros inútiles» (ibíd.: 42).

El arte airiano de la inverosimilitud puede adoptar la forma hiperbólica de la
mentira descabellada o los desarrollos argumentales apocalípticos, según la lógica delirante del cómic o los dibujos animados, como en *La guerra de los gimnasios* (1993) o *Los misterios de Rosario* (1994), o bien puede darse de manera más
sutil y microscópica, en el nivel de la miniatura en que la invención airiana al-
canza sus mayores logros. Ese nivel incluiría, por una parte, lo que podríamos
llamar pinceladas de inverosimilitud: adjetivos fuera de lugar, palabras traídas a
contrapelo que hacen descarrilar todo un pasaje, como cuando el narrador de *La
liebre*, novela ambientada en el siglo XIX, se refiere a los indios mapuches, que
iban «desarmados, de sport» (1991c: 46), o como cuando se describe la pampa
como «la llanura panóptica» (ibíd.: 48). Por otra parte entraría en ese orden la
inagotable utilería de objetos imposibles con que Aira gusta de rellenar sus textos —así la «trompeta de mimbre» del libro homónimo o el «ballet radiofónico»
de *La serpiente* o, en esa misma novela, los «túneles-hebras de ADN» que comu-
nican Dinosaur City y Mamut City—. Objetos inútiles o inconcebibles que,
como se apunta en *La trompeta de mimbre*, proponen un «simulacro del simulacro» (1998a: 127) y que como tales están directamente emparentados con los
anti-mecanismos y artefactos histerizantes de Macedonio —con lo que éste llamara «aquenó»: «aquellos objetos, frases, entes, cosas a cuyo funcionar o existir
precede una expectativa incrédula o una incredulidad expectante, en la que hay
un 80% de la irritante "gana de fracaso"» (4, 115)—. De hecho, es el mismo discurso lo que se concibe como «objeto imposible»: las maquetas textuales de *La
trompeta de mimbre* —quizá el libro de Aira que más intensamente evoca el característico «rasgueo del pensar» macedoniano (4, 89)— emulan los «esquemas
para arte de encargo y géneros del cuento» (7, 69) de Macedonio. Como en éste,
en Aira el discurso tiene algo de anti-mecanismo —continuamente descarrila,
cambia de registro, se desvía, falla—. La entera obra de Aira se podría condensar
en la fórmula que propone Sandra Contreras: «el olvido como sintaxis del relato» (2002: 89). Los finales de novela de Aira son sintomáticos en este sentido,
por la impresión que producen de múltiple abandono, de un «abandonarse al
delirio» así como de delirio abandonado —de discurso que no se cierra sino que
simplemente, en pleno delirio, se abandona—. Como Macedonio, Aira es un

artista del extravío; lo que él mismo provocadoramente llama «continuo»: pasar de una cosa a otra, de uno a otro plano de sentido, en un continuo perder el hilo; o bien lo que Macedonio bautizara así: «especímenes de continuaciones en literatura *inseguida*» (4, 124).

A esa estética de la inverosimilitud obedece también uno de los rasgos distintivos de la escritura airiana: la mendacidad compulsiva, las continuas auto-contradicciones de un discurso que tan pronto dice una cosa como la contraria, como si toda proposición fuera intercambiable. Lo aéreo, observa Horacio González, es un atributo de lo airiano[14]; su discurso se caracteriza por la ligereza, por una cualidad de «balanceo» o «vaivén»: la agitación o puesta en temblor de las categorías que en *La serpiente* llama «el Balanzón» (1997b: 109). La literatura de Aira opera a partir de la exasperación de la potencialidad ficcional de las voces narrativas, infinitamente mentirosas, no fiables. Al mismo tiempo, la fabulación como mentira sin fondo se entrevera con un tono confesional, con la inscripción de «verdades» autobiográficas (datos en principio verificables acerca del escritor argentino César Aira y su círculo de experiencia), lo que crea un efecto de duplicidad discursiva —una dislocación semejante a la de la escritura macedoniana, análogamente atravesada por vetas a la vez veraces e inverosímiles de discurso autobiográfico—. En ambos casos, se trataría de un arte —un malabarismo— de los discursos insostenibles.

De hecho, la mentira sistemática es también una táctica de «mala» escritura: no se trata sólo de mentir constantemente sino de mentir *mal,* ostentando sin cesar la cualidad de mentira del discurso. Las novelas «mal» escritas de Aira —novelas que mienten mal, que se «lucen» mintiendo— están constantemente expulsándonos a un afuera de la ficción[15], haciendo «continuo» no tanto con la fábula textual como con la realidad —lo auténticamente «novelesco» para Aira, cuyas novelas son estrictamente realistas en el sentido de que remedan el sinsentido y la inagotable posibilidad de disparate de lo real, esa cualidad de «novela sin asidero, tonta, un poco frívola» a la que se alude en *La serpiente* (1997b: 113)—. En otras palabras, reproducen una experiencia *moderna* de lo real, y por eso serían tan poco «fantásticas» como la literatura de Felisberto Hernández, para citar a otro conspicuo miembro de la cofradía rioplatense de la «mala» escritura.

---

[14] «Maestro en convertir en leve lo grave, [...] su tema es, quizás, el aire», observa Horacio González en la contratapa de la segunda edición de *Embalse* (1992).

[15] Reinaldo Laddaga señala con acierto la «salida de la escritura al mundo», la «capacidad de "saltar sobre el borde de sí misma"» (2001: 48) como virtudes del arte narrativo de Aira.

A la ostentación de un «mal» mentir correspondería la reducción al absurdo
de la paradoja, que en Aira suele darse como mera contradicción o inversión au-
tomática de los términos, como cuando en *La serpiente* se refiere a «las paradojas
de mi alcoholismo abstemio» (ibíd.: 135)[16]. Las «malas» paradojas —las paradojas «pobres»— de Aira parecen remedos burlescos de las elegantes aporías de
Borges. Aira cultiva más bien la paradoja devaluada, menor, que linda con el
chiste, la broma, el disparate: no la paradoja borgeana, laberíntica, que fascina y
atrapa al pensamiento en un bucle textual, sino la paradoja macedoniana, que
apunta (y empuja) a un afuera del texto —la risa macedoniana como borradura
que incita a imaginarlo todo a partir de cero—. El genio cómico de Aira está directamente emparentado con esa risa que concibe la escritura como provocación
a un pensamiento del afuera[17]. Como observa en su ensayo sobre Roberto Arlt,
«la invención [...] debe nacer de un auténtico vacío de pensamiento o de discurso, y ese vacío es lo novelesco» (1997c: 62). El pensamiento es lo que está
afuera, aquello a lo que lo novelesco apunta o provoca, pero que nunca se da en
la novela como «reflexión». La velocidad de invención es lo que permite saltar
por encima del pensamiento; pero en Aira, al igual que en Macedonio, no habría «vacío de pensamiento», sino más bien pensamiento trunco, contradicto-
rio, conatos o residuos de ideas en continuo cortocircuito que no hacen sentido
en el texto sino tal vez fuera de él. «La literatura tiene esa cualidad maravillosa de
ser acogedora aun fuera de sí misma, y por eso le estoy tan agradecido», declara
con desaforada ironía —con ironía de fuereño— el narrador de *Cumpleaños*
(2001b: 32). En ambos autores hay una notable resistencia a concebir la literatura como interiorización: como interior seguro, estable, en que se piensa y
aquilata la experiencia. Antes bien, lo que proponen es la utopía de la escritura
como experiencia —como pensamiento «en vivo», en continuo «afuera»—. Las
suyas son literaturas inhóspitas, que no se construyen un «lugar» y en vez de un
interior postulan un «afuera del afuera»[18] —un discurso-experiencia: objetivo
utópico, que precisamente pone de manifiesto el drama de la exterioridad de
todo discurso, la radical fantasmagoría de los «interiores» (literarios o no)—.

---

[16] En *Fragmentos de un diario en los Alpes*, Aira nota que «la inversión, la mera inversión mecánica
de poner las cosas "patas arriba", está en la raíz de casi todas las buenas ideas literarias» (2002d: 121).

[17] Sobre la noción de «pensamiento del afuera» en Macedonio, véase Prieto (2002: 151-257),
así como el capítulo segundo de este volumen.

[18] La literatura para Aira sería el arte de lo «no-construido» —de lo radicalmente fuera de lugar— como se sugiere en *Los fantasmas* (1991): «Eso da que pensar... La arquitectura no-construi-
da, ¿será la literatura?» (2002c: 57).

Aira rechaza agresivamente la interpretación textual, pero no el pensamiento del afuera: su escritura es invitación a una «decapitación» que consistiría en imaginar un mundo contaminado de afuera y —éste sería, en última instancia, el rasgo más íntimo de su parecido con Macedonio— en la insensatez de concebir algo más allá del texto. De proponer, en definitiva, no sólo un simulacro de ficción, sino también y ejemplarmente, un simulacro de pensamiento.

5.

Microrrelato interterritorial y cruce discursivo*

> Who admires not Regio Montanus his fly beyond
> his eagle?
>
> THOMAS BROWNE

«Desvarío laborioso y empobrecedor el de componer vastos libros: el de explayar en quinientas páginas una idea cuya perfecta exposición oral cabe en pocos minutos. Mejor procedimiento es simular que esos libros ya existen y ofrecer un resumen, un comentario». Estas famosas palabras, con las que Borges introduce su volumen de relatos *El jardín de senderos que se bifurcan* (1941) condensan una poética narrativa que podemos considerar emblemática de su autor y que a la vez informa una de las líneas de escritura más fructíferas de la literatura rioplatense: aquélla que cifra un decoro literario en la eficacia de la brevedad. Es una línea de escritura que ha producido obras notables, desde la microtextualidad de los prólogos, «resúmenes y comentarios» de Borges, cuya antología de *Cuentos breves y extraordinarios* (1955), compilada junto con Adolfo Bioy Casares, contribuyera decisivamente a deslindar los límites de un género a la sazón nebuloso, a los relatos breves y viñetas humorísticas de autores como Julio Cortázar, Cristina Peri Rossi, Luisa Valenzuela o Ana María Shua. Por la vertiente del decoro estilístico que, ligado a una lógica de la distinción, podemos considerar propio de la alta literatura, se perfila una de las vías más visibles de acceso al estudio de la micronarratividad —o, si se quiere, al microrrelato como género narrativo emergente, objeto de creciente reflexión crítica en las últimas décadas[1]—. Los textos de Borges, Cortázar, Arreola o Monterroso que suelen figurar en las antologías como

---

* Una versión previa de este capítulo apareció como «*Less is more*: bondades de lo breve en el Río de la Plata», en *Iberoamericana. América Latina-España-Portugal*, 36, 2009, pp. 97-108. Una versión en alemán apareció con el título «*Less is more*: die Würze der Kürze am Río de la Plata», en Ottmar Ette (ed.), *Nanophilologie: Literarische Kurz- und Kürzestformen in der Romania*. Tübingen: Max Niemeyer Verlag, 2008, pp. 53-67.
[1] En cuanto a los acercamientos críticos al microrrelato cabe destacar los trabajos de Lagmanovich (1994 y 2006), Pollastri (1994), Rojo (1997), Noguerol Jiménez (2004), Zavala (2004 y

ejemplos clásicos del género entrarían dentro de lo que podríamos llamar la «vía áu-rea» de la microtextualidad. En ella confluirían fenómenos y tendencias afines que, en la órbita del arte moderno, abogan por una reducción del arte a sus fundamentos o a su mínima expresión: la poesía pura de Juan Ramón Jiménez o Jorge Guillén, o la ul-traísta de Gerardo Diego o del joven Borges, los *haikus* de Ramón López Velarde y los microgramas de Jorge Carrera Andrade, las greguerías de Ramón Gómez de la Serna y no pocas propuestas plásticas vanguardistas y neovanguardistas (desde el cubismo, el constructivismo o el arte abstracto hasta el minimalismo y el arte conceptual), la mú-sica dodecafónica de Anton Webern o, en fin, la arquitectura moderna de Le Corbu-sier y Mies van der Rohe, autor de un lema célebre que anima no pocas inquietudes estéticas del siglo XX (y cuya escueta forma tiene la virtud de empezar por hacer lo que dice): *less is more*.

Ahora bien, en la medida en que el microrrelato no sólo es un objeto de re-flexión crítica sino también un objeto de consumo literario que últimamente goza del favor del público lector, es posible postular otra vía de acercamiento. La micronarratividad en cuanto fenómeno cultural de auge creciente en las últimas décadas se puede vincular a diversas formas de abreviamiento o aceleración de la percepción propias de la cultura de masas del capitalismo tardío —el videoclip, el *spot* publicitario, el correo electrónico, los blogs y microblogs, los mensajes de texto SMS, los portales de chateo *on-line*, etc.—, y en ese sentido habría que po-nerla en relación con las pulsiones y demandas del mercado de consumo cultu-ral. La micronarratividad entraría, en otras palabras, en el campo de estudio de la «dromología» —disciplina cuyo objeto, según Paul Virilio (1977), sería el es-tudio de los efectos de la velocidad en la cultura moderna. En el ámbito estric-tamente literario, el microrrelato se vincularía por esta vía a otras formas de ali-geramiento y vulgarización de la cultura letrada —literatura *light*, ediciones populares compactas o abreviadas de los clásicos[2]—, lo que explica el hecho de que esa forma narrativa haya sido últimamente objeto de ataques desde las filas de la alta literatura. En efecto, uno de sus más destacados representantes con-temporáneos, el narrador español Javier Marías, critica en un artículo reciente el fenómeno de la «sobreexplotación» literaria, poniendo como ejemplo «esos tex-

---

2005), Valls (2008) y los números monográficos de la revista *Quimera* (2002) coordinados por Lauro Zavala («La minificción en Hispanoamérica») y por Rebeca Martín y Fernando Valls («El microrrelato en España»). Véase también el número monográfico de la revista *Ínsula* (2008), re-cientemente coordinado por este último, así como las antologías compiladas por Epple (1990), Za-vala (2000), Lagmanovich (2005), Rotger y Valls (2005) y Pollastri (2007).

[2] Sobre el fenómeno de la abreviación de lo literario, véase Gopnik (2007: 66-76).

tos inanes que sin embargo hacen fortuna, como el ya insoportable cuentecillo del dinosaurio de Monterroso, que encima ha dado lugar a toda una corriente imitativa aún más insoportable, la de los llamados "microrrelatos" o algo así» (2007: 122).

Además de estas aproximaciones —por la vertiente de la alta literatura y por la de la literatura comercial o la aceleración semiótica de la sociedad de consumo— habría una tercera vía hacia la micronarratividad que tendría que ver con la erosión de lo que Lyotard llamara los «relatos» de la modernidad. Se trataría, en este caso, de una serie de prácticas textuales que ponen en juego una disminución de lo literario a partir de una puesta en crisis de la noción de narratividad. Lejos de la noción de economía o decoro estilístico, estas prácticas adoptan la forma de una pobreza retórica, de una «mala» escritura[3]. Por esta vertiente se abre en el Río de la Plata una veta de micronarratividad quizá menos visible pero no menos fértil. En ella entrarían desde los pseudo-relatos y fragmentos narrativos «a timón roto» de Macedonio Fernández hasta la ficcionalidad «salteada» y digresiva de las novelitas de César Aira, desde el arte aforístico redundante y paradójico de las «voces» de Antonio Porchia a la lírica fantástica y transgenérica de Marosa di Giorgio o a las fantasías aceleradas, a medio camino entre la lírica y la ficción, de Gabriela Bejerman y Wáshington Cucurto, pasando por fenómenos como los mini-libros de la editorial Eloísa Cartonera fundada por este último. Libros de cartón, mal encuadernados y de breve duración, cuya filosofía editorial bebe de un largo caudal de escrituras «malas» rioplatenses y latinoamericanas, y cuyo éxito como proyecto de activismo comunitario es comparable con el de los «microcréditos» del economista bangladeshí y premio Nobel de la Paz Muhammad Yunus[4]. En este sentido se podría hablar de las bondades sociopolíticas de lo «micro», como táctica post-colonial inscrita en los vectores hegemónicos de la globalización. La potencialidad de disensión de una micronarra-

---

[3] La «crisis de los relatos» (1995: 9) propicia un vínculo entre microtextualidad y «mala» escritura que Lyotard explora por la vía de la mecánica cuántica, la teoría de juegos y la microfísica: «En un plano microfísico, una "mejor" información, es decir, más performante, no se puede obtener» (ibíd.: 104). Microtextualidad y «mala» escritura serían, en este sentido, fenómenos comparables a lo que Borel llama «juegos de información incompleta» i. e. «juegos donde no existe la mejor manera de jugar» (ibíd.). Sobre la noción de «mala» escritura, véase el capítulo anterior.

[4] Del éxito de la editorial Eloísa Cartonera, fundada por Wáshington Cucurto en colaboración con los artistas plásticos Javier Barilaro y Fernanda Laguna (también conocida como narradora por el pseudónimo Dalia Rosetti), da fe de la extensión del proyecto más allá del Río de la Plata con las editoriales hermanas Sarita Cartonera (Perú), Animita Cartonera (Chile) y Yerba Mala Cartonera

tividad practicada como «mala» escritura contrastaría con las otras dos vías o modalidades indicadas. Lo que a grandes rasgos podríamos llamar el modelo borgeano y el modelo comercial del microrrelato parecerían confluir en una dirección concordante con los vectores tecnológicos de la modernización, esto es, en una dinámica de eficacia y aceleración, ya sea en la forma de máxima densidad de información en un mínimo espacio —lo que tendrían en común el *microchip* y el microrrelato borgeano—, ya sea en la forma de una velocidad de distribución y consumo —lo que tendrían en común el microrrelato *light* y el *spot* publicitario, en una suerte de eficacia de la recepción amoldada a las leyes de rendimiento económico del mercado—. En contraste, la micronarratividad decantada en prácticas de «mala» escritura obedecería a una lógica interruptiva, de cortocircuito o ralentización, que tiende a hacer ilegibles las narrativas hegemónicas de la modernización. Así, si en cuanto a las dos primeras vías señaladas hablaríamos, evocando el dicho popular, de bondades de lo breve asociadas a un ideal de eficacia, en el caso de los autores que optan por la tercera vía sería más oportuno hablar de «maldades» y perversiones de lo breve en tanto que tácticas de interferencia e interrupción.

Si las escrituras que exploran «maldades» de lo breve se articulan a partir de una crisis de la narratividad, esa crisis suele ir asociada a una crítica de la representación. Como vimos en los capítulos anteriores, esa crisis y esa crítica se dan de forma ejemplar en la escritura de Macedonio Fernández. Para que no falte algo por que empezar, tomemos el comienzo de uno de sus aberrantes «brindis faltantes» —el que le dedica en 1928 al poeta español Gerardo Diego:

> Es tan poco lo que tengo que decir, señores, que temo que tome mucho tiempo el encontrar en un brindis tan estrecho un lugarcito donde situarle el fin. Si la nerviosidad de una improvisación (sacada del bolsillo) y lo breve que es me imposibilitaran hallar un lugar de final en mitad u otro punto de ella, será con gran pena que me veré

(Bolivia). La editorial porteña se presenta en su página web como «un proyecto artístico, social y comunitario sin fines de lucro. Una cartonería, llamada "No hay cuchillo sin Rosas", es su sede, donde cartoneros cruzan ideas con artistas y escritores [...] se editan libros con tapas de cartón comprado a cartoneros en la vía pública, pintados a mano por chicos que dejan de ser cartoneros cuando trabajan en el proyecto. Se publica material inédito, *border* y de vanguardia, de Argentina, Chile, México, Costa Rica, Uruguay, Brasil, Perú: es premisa editorial difundir a autores latinoamericanos. El cartón se compra a $1,50 el kilo, cuando habitualmente se paga $0,30. Y por la realización, los chicos cobran $3 la hora de trabajo. El proyecto pretende generar mano de obra genuina, sustentada en la venta de libros» (<http://www.eloisacartonera.com.ar/eloisa/que.html>).

continuándolo indefinidamente y postergando para mí eternamente el goce de los aplausos que tan espontáneamente se reserva para la conclusión, si la concurrencia no ha concluido antes (4, 56).

En Macedonio el microrrelato adopta la forma de la «imposibilidad de comienzo», de conato narrativo reiteradamente frustrado, y esa recurrencia de comienzos interrumpidos configura una extraña forma de narratividad sincopada. Otro brindis (dedicado a Leopoldo Marechal) empieza así: «El principio del discurso es su parte más difícil y desconfío de los que empiezan por él» (4, 63). El comienzo imposible es un mito micronarrativo (o, más exactamente, pseudonarrativo) que adopta múltiples formas en la escritura macedoniana, desde el texto tan justa como falazmente titulado «Una novela que comienza» (1941) hasta la idea de una novela interminablemente diferida por docenas de prólogos —más de cincuenta tiene su *Museo de la Novela*—, o como esos perversos artefactos micronarrativos llamados «título-obra» o «tapa-libro»: especie de *readymades* ficcionales donde toda la ficción, todo lo que habría que leer, estaría contenido en el título o en la tapa del libro. En efecto, de estos brindis, forma breve o menor de lo literario, género sin domicilio fijo en que Macedonio es perverso especialista[5], se desprenden dos de los rasgos recurrentes en su escritura: por una parte, la exploración de una hipótesis paradójica o absurda como fuente de humor y como principio de ficcionalidad; por otra, lo que cabría caracterizar como «obsesión liminar» —la extraordinaria productividad de la noción de límite en su pensamiento y en su escritura—. De hecho, lo que propone el «Brindis a Gerardo Diego» es una variante micronarrativa y «mal» escrita de la aporía eleática de Aquiles y la tortuga, tan frecuentada con impecable estilo por Borges: una duración tan breve que ni siquiera puede contener su fin y que por tanto (en buena lógica aporética) se prolonga eternamente[6]. En un nivel estrictamente estilístico —complementario a las aberraciones discursivas y genéricas y a las anomalías en el manejo de la narratividad— es notable el contraste entre la nítida elegancia y cohesión de cualquier página de Borges y el desaliño y desgano retórico del discurso macedoniano. Mencionemos sólo, en este caso, como manifestaciones de un deliberado «retardo de estilo» (4, 54), la cacofónica abundancia

---

[5] Perversidad patente en el hecho de que el brindis macedoniano no excluya, entre otras «faltas», la inasistencia/inexistencia del orador. Véase «Cómo pudo llegar el caso de un brindis oral de faltante» (4, 68-70).

[6] Véase, para una de las más depuradas versiones borgeanas de esa aporía presocrática, el ensayo de *Discusión*, «La perpetua carrera de Aquiles y la tortuga» (1932).

de rimas internas (repetición de adverbios en *-mente*) y la agotadora y enrevesada sintaxis de la frase, que «respira» con dificultad.

Paralelamente al cultivo del brindis y de toda una microficcionalidad paratextual —prólogos, epílogos, notas editoriales, epígrafes; título, carátula, firma, colofón, página en blanco: géneros de microescritura practicados con asiduidad, en una suerte de desmontaje del artefacto libresco—, Macedonio promueve un humorismo paradójico que adopta la forma del chiste metafísico —otro arte de lo breve que igualmente reflexiona sobre la nociones de límite y falencia o déficit—. Por ejemplo: «Fueron tantos los que faltaron que si falta uno más no cabe» (4, 114). Macedonio pone en juego todo un discurso y una estética de la «minusculidad» que está en concordancia con sus *reducciones* metafísicas: la tesis del «almismo ayoico» (8, 243-246), que postula la ilusoriedad del sujeto, o bien la negación de todo ser o trascendencia más allá de la inmediata experiencia fenoménica. De ahí la descripción que ofrece de sí mismo: «yo, el escritor más corto» (4, 58), especialista en «alocución mínima», que elige el chiste, el brindis, el fragmento como formas privilegiadas de una escritura cuya virtud residiría en lograr un «más del menos»: «Sólo nosotros podíamos superarnos: si el tiempo disponible hubiera sido menos aun más podríamos haber escrito menos» (4, 57). La micronarratividad de los comienzos imposibles concuerda con una metafísica del «no lugar», del no llegar a ser: «mi minusculidad hízome parecer en cualquier lugar que no estaba allí todavía, como un existente con pero, un "ya, pero", siempre un recién de llegar a la Nada; aún menos que llegar: un no quedado en la Nada, llegar es demasiado positivo» (4, 69). Este arte escritural de la minusculidad, comparable por su larga huella en diversas trayectorias filosóficas y artísticas del siglo XX con la investigación duchampiana de lo «inframínimo» (me remito a lo expuesto en el capítulo tercero), es consecuente con la teoría estética de Macedonio: una estética «de mínimo de motivación o asunto, tendiente a la pureza de una total omisión de motivación» (3, 329), que desdeña toda atención a lo que llama «placer-sensación» —y, particularmente, al «ritmo» o «compás» en literatura— como mera «culinaria» (2, 131). Concuerda, también, con su radical reducción del arte novelístico, lejos de los supuestos de mímesis, crítica social, transmisión de un saber o proyección indiscriminada de fantasías, a un único objetivo metafísico: lograr una «conmoción» de la conciencia de ser del lector.

La íntima imbricación de las distintas vertientes del discurso macedoniano —fragmentos de filosofía, ficción, teoría política, discurso amoroso o místico, humor, lírica, que tienden a darse simultáneamente, en caótica mescolanza, en cualquier momento de su escritura[7]— determina una forma de micronarratividad como salto discursivo o nomadismo transgenérico, donde el conato o fragmento narrativo queda, por así decir, encabalgado en el limbo del «entre», en la linde o tierra de nadie entre dos o más campos discursivos. Este modo de narratividad errante que podríamos denominar «microrrelato interterritorial» es de larga resonancia en las letras del Río de la Plata. En el ámbito de la ficción se podría rastrear su juego de sombras en Osvaldo Lamborghini, en Alberto Laiseca, en César Aira; en el ámbito de la poesía, en Leónidas Lamborghini, en Ricardo Zelarayán, en Néstor Perlongher, en Marosa di Giorgio. Para no alejarme demasiado del lema de la brevedad, me limitaré a considerar aquí los modos del microrrelato interterritorial en la obra de esta última.

Recopilada en dos volúmenes bajo el título *Los papeles salvajes* (2000), la poesía de Marosa di Giorgio abarca una docena de libros publicados a lo largo de cinco décadas, entre 1954 (*Poemas*) y 2000 (*Diamelas a Clementina Médici*). La vertiente narrativa de su escritura comprende por otra parte una novela —*Reina Amelia* (1999)— y cuatro volúmenes de relatos eróticos —*Misales* (1993), *Camino de las pedrerías* (1997), *Rosa mística* (2003), *La flor de lis* (2004)— publicados en el espacio de una década. Esta división en obra lírica y narrativa, o en poesía y prosa, es hasta cierto punto engañosa, habida cuenta de la rara unidad de esta escritura —unidad que en no poca medida radica en la manera en que convierte en marca de estilo inconfundible una constante mudanza y devenir entre poesía y ficción, tanto en los textos designados por su autora como poéticos (la mayoría de ellos textos en prosa) como en los denominados textos de ficción (donde se dan continuas fugas y excursos líricos)—. Con la excepción de la novela *Reina Amelia* y de las *novellas* «Misa de amor» y «Rosa mística», la obra de Marosa di Giorgio puede leerse como un mosaico de sucintas teselas cuya extensión oscila entre un párrafo y dos o tres páginas. Ahora bien, en ese mosaico cabe distinguir dos tonalidades de escritura que aproximadamente coinciden con la división hecha por la autora entre poesía y prosa: las teselas «poéticas» se caracterizan por una dicción pulida y una tensión verbal que es propia de la forma lírica; las teselas prosaicas o ficcionales se dan en cambio en un modo rugoso o desaliñado, ligeramente agramatical, incardinable en la línea rioplatense de «mala» escritura

---

[7] «No puedo dejar de ser todo lo que soy en todo lo que escribo; aunque escribiera de Derecho o sobre Higiene no puedo dejar de ser risueño, doloroso y metafísico a cada página» (3, 20), leemos en su *Crítica del dolor*, texto que haciendo honor a este pasaje es una mezcla de autobiografía, discurso filosófico en la línea foucaultiana del *cuidado de sí* y recomendaciones prácticas para un «arte de vivir».

que va de Macedonio Fernández y Felisberto Hernández a Néstor Perlongher y César Aira. En ambas modalidades, la micronarratividad, en forma de fragmentos de ficción evanescentes o en fuga, juega un papel determinante. La filosofía de la composición marosiana se podría resumir en la última palabra de *Los papeles salvajes* —a la vez comienzo de una frase inconclusa y final de verso, de libro y de toda una obra:

> Dirán: Ahí va una hija con su madre
> y una madre con su hija,
> hacia el nunca más. Hacia (2, 338)[8].

Hacia: en esa palabra y en el gesto de no cerrar la obra poética se cifra el deseo de no concluir el diálogo imaginario con la madre, con los seres encantados y terribles de la niñez —tema privilegiado de *Diamelas a Clementina Médici* y en cierto modo de toda su poesía—. Pero también lo que se deja ahí es un emblema: el sello distintivo de una escritura que se quiere en tránsito —escritura transida de otredad, de minúsculas y extrañas travesías.

En la dicción poética de *Los papeles salvajes* abundan, en efecto, los procedimientos narrativos dislocados. El juego de los tiempos verbales se pervierte: el imperfecto, tiempo de la descripción y la escenificación, se dinamiza y da pie a pequeñas cápsulas narrativas; el pretérito, tiempo del suceso, del suspenso y de la progresión del relato, se pone al servicio de estrategias de estancamiento, envolvimiento e indefinición, de modo que en vez de suspenso narrativo lo que se produce es una *narración en suspensión*. Narración suspendida, que no vuelve, cuyos hilos —tal telaraña desbaratada— quedan desprendidos, ondulantes en el aire de la visión. Narración que envuelve más que desenvuelve: en *Los papeles salvajes* todo gira en torno a la visión exaltada de la naturaleza, a la vez extática y mudable. Esa visión de la naturaleza encantada genera microrrelatos fantásticos que oscilan entre lo feérico y lo cruento, entre lo tierno y lo perverso. Así tenemos el microrrelato de la nieve: «Desde el mediodía nevaba. La nieve caía extrañamente, sesgada, volando un poco. Las gentes del aire estarían liberando mariposas» (1, 38). O el microrrelato del crepúsculo: «Venía el crepúsculo, y los pájaros que tornaban a sus nidos mataban a picotazos a las hadas viejas, y las hadas jóvenes erguían entre hierbas y raíces secas, sus largos talles y sus cálices ar-

---

[8] Aquí y a lo largo del capítulo las citas de *Los papeles salvajes* remiten a la edición en dos volúmenes publicada por la editorial Adriana Hidalgo (2000). La primera cifra indica el número del volumen correspondiente.

dientes» (1, 39). En la poesía de Marosa di Giorgio se da así una suerte de mi-cronarratividad intercalada —narratividad «a media vida» (1, 48), desleída en dicción lírica, en un umbral a medio camino entre el suceso extraño, maravillo-so o fantástico y la visión poética—. Un sutil juego de cambios de luz mueve la lectura entre tornasoles metafóricos y fragmentos de diégesis inciertas, abando-nadas. Así, en el fragmento 8 de *Humo* (1955), «Para revivir la edad anaranja-da...», las acciones que se enumeran como agentes del exorcismo de la memoria —«interrogar al alhelí», «hablar con la mariposa, seriamente», «mandar aviso a las glicinas», «reencender las abuelas», «invitar a Dios» (1, 50-51)— participan tanto de la cualidad de una invocación o letanía mágica como del relato de una ceremonia extraña, que podríamos leer a la luz freudiana del ritual del neuróti-co —tan productiva en la narrativa de su compatriota Felisberto Hernández, autor con el que di Giorgio tiene más de un punto en común—. Esa micronar-ratividad no sólo transgrede convenciones genéricas sino que, en una línea afín al «malescribir» macedoniano, hace tambalearse los relatos de lo real, las tramas narrativas que hacen convencionalmente legible y estable su percepción[9]. De ahí la perversidad de la «novela familiar», que introduce significantes ilícitos o in-quietantes (incesto, violencia sexual, canibalismo, zoofilia) a la vez que familia-riza lo terrorífico, mágico o sobrenatural.

Las aventuras fugaces del deseo se corresponden en esta escritura con la evanes-cencia de los hilos narrativos y la fácil mutabilidad de los tonos, que recuerda los im-promptus y vaivenes del genio discursivo macedoniano, tan pronto decantado por lo «hilarante» como por lo «enterneciente». De lo lírico, nostálgico o feérico se pasa sin solución de continuidad a irrupciones de sexualidad violenta o desviada —«las rosas rosadas, extremas, de los amores increíbles» hacen juego con «las cosas de la infancia, las rosas de la casa» (1, 159). Candor y perversidad coexisten en un tejido tan incon-sútil como inestable que hace trastabillar, en un nivel a la vez discursivo y sexual, las convenciones genéricas y las posiciones de lectura, conocidas y lejanas —textualidad y erotismo se dan aquí como un «terror conocido y lejano» (1, 77)—. En cierto modo estos «himnos terribles, historias sin principio ni fin» (1, 78) componen una mística perversa: exaltan amores impropios, comuniones terribles, dichas peligrosas. El texto se hilvana a partir de una anécdota mínima y recurrente: una tensión erótica ilícita,

---

[9] Recordemos lo que observa Macedonio a propósito de los relatos de lo real: «creer en Dios, en el progreso, en el orden del mundo, en el esfuerzo o sacrificio recompensado, en la cordura de la previsión, en la sensatez de hacerse rico o glorioso o poderoso, son Fantasías» (8, 242). Sobre el pa-pel cardinal de la fantasía en la escritura y el pensamiento macedonianos, véase el primer capítulo.

una pasión desaforada, inconsumable —entre padre e hija, entre niña y adulto, entre ama y criado, entre niña y armiño, entre niñas, entre hermanas, para citar sólo algunas de las que afloran en sus dos primeros poemarios—, cuyas electrizadas descargas y cortocircuitos son el asunto de una incierta narración —«devenir intenso» (3) en la feliz descripción de Roberto Echavarren— que progresa a base de fogonazos de visión apasionada. De hecho, ese discurso amoroso remite implícitamente a las antítesis, paradojas y entrelazamientos quiásticos —a la cruz como emblema carnal, profano, más que teológico-cristiano— de la poesía mística renacentista. Ecos de San Juan y Santa Teresa resuenan en pasajes como: «Entre sombras, escuchando y no escuchando» (1, 30), o: «Deja tu comarca entre las fieras y los lirios. Y ven a mí esta noche, oh, mi amado, monstruo de almíbar, novio de tulipán, asesino de hojas dulces. Así, aquella noche lo clamaba yo [...] llena de un miedo irisado y de un oscuro amor» (1, 47). Cruz, cruce pulsional —amor y muerte— que admite desarrollos y tintes freudianos; así no es infrecuente que el deseo de unión se entrelace con el deseo de aniquilación: «Empecé a matarlo. Porque no digas mi amor a nadie —a entreabrirle los pétalos del pecho, a sacarle el corazón» (1, 47). De ahí que la narración no pueda —no quiera— avanzar, clavada en la intensidad de un cruce pasional que es todo lo que cuenta —lo que se cuenta en trance de canto—. La narración suspendida, pulverizada, sería justamente lo que haría concebible el deseo de que «no tuviera fin este poema» (1, 47). Así, el fragmento 11 de *Humo* continúa muy de cerca —a la vez que lo torsiona sutilmente— el discurso amoroso místico en el momento de la queja del abandonado: «¿Adónde te escondiste, / Amado, y me dejaste con gemido?» (121) dice San Juan de la Cruz; y Marosa: «¿Por qué abandonaste tu castillo entre los robles y las lilas, entre cedros y colmenas, y los ocultos nidos donde venían a guardar sus huevos los pájaros del campo? [...] ¿Por qué has dejado lo que más querías?» (1, 53). La torsión perversa en ese cuadro místico se produce al final en la revelación del ser amado —en su polimorfa indeterminación e inconmensurabilidad; amiga o hija, como antes fueron «renos o muchachos» (1, 52): «oh mi irisada muchacha, mi amiga pequeña, mi misteriosa hija» (1, 53).

Como en Macedonio, aunque por otros cauces, el discurso amoroso aúna en Marosa di Giorgio la pasión mística y metafísica. *Los papeles salvajes* recorren la escala quebrada de la vía mística para llegar a decir el ser de las cosas —y decir el ser es festejarlo: «y en su honor, inventaba cuentos, poemas, himnos, otra vez, poemas» (1, 136)—. Esa fiesta de la imaginación puede darse en forma de cuento, de poema o de himno, pero lo más frecuente es que se dé en una extraña forma intermedia, mezcla de los tres. Como en la escala mística —imposible viaje, amor máximo que aspira a salvar una distancia abismal—, decir lo indecible del ser, su más íntima esencia —«ver a Dios», en el lenguaje de la mística— implica un viaje metafórico o narrativo, un desplazamiento que es expresión de un acto de fe o de un anhelo cognoscitivo. En la poesía de di Giorgio hay un trabajo micronarrativo de la visión extática, que cuenta «sucesos sensoriales»[10] —si en ella pueden reconocerse los elementos de una mística, sería ésta una mística concupiscente y politeísta, antes que cristiana—. Así, del sol se cuenta el siguiente suceso prodigioso: «se le cayeron, también, unas piernas pequeñas, rosadas, muy bonitas, que él criaba y no le servían para nada y las volteaba» (2, 310); y de unos duraznos, que tenían «adentro, en vez de hueso [...] un santo, de oro, diminuto, casi vivo, casi verdadero» (1, 137). El misterio del conocimiento y de la unión mística se expresa micronarrativamente en esa cercanía de lo maravilloso y lo verdadero o «casi verdadero»: en ese «casi», en esa inminencia de ser estaría una de las claves de esta escritura.

Una *intensidad de inminencia*, misterioso nudo de cercanía y distancia —distancia de la escritura a su objeto, del sujeto adulto que escribe al yo infantil evocado— impregna los textos de Marosa di Giorgio, cuya entera constelación parece girar en torno a esta pregunta: ¿Cómo contar el recuerdo? En cierto modo de lo que se trata justamente es de la imposibilidad de contarlo —de escribir esa imposibilidad—, pues el recuerdo como tal es incontable, irrecuperable en estado puro. De lo que se trata, entonces, es de preservar la intensidad de su aura en la conciencia antes de que se diluya en relato, de expresar lo fabuloso, extraño o terrorífico de esa intensidad —que requiere para su rescate de los protocolos narrativos del género fantástico o del relato maravilloso o *unheimlich*— evitando que se resuelva en fábula. Por eso en estos textos, más que narración, lo que hay es escenificación narrativa: puesta en escena de fragmentos de relato *en tránsito* —hacia la exaltación lírica, hacia la teatralidad del erotismo—, cuya brevedad está determinada por la imposible ilación de los sucesos que se imaginan. La imaginación poética de Marosa teje retazos de una narración imposible. ¿Cómo continuar, en efecto, el recuerdo infantil de haber querido pertenecer al «pueblo de las ratas», de aquella «antigua edad, cuando aún vivíamos en las magnolias con la Virgen María y con los Reyes» (1, 156)? ¿Qué tipo de criatura —humana, bestial, supernatural— podría recordar haber vivido en la «gruta natal» y disponerse a cenar con «papá y mamá» «el pequeño ogro, cazado

---

[10] Como observa Echavarren, «los protagonistas no son personajes, sino más bien acontecimientos (un viento, una helada) que toman la figura transitoria de caracteres» (2005: 15). Di Giorgio cultiva la ficción como vástago efímero de la prosopopeya, que «no apunta a un más de significación, sino que se tambalea y bordea siempre un menos, un borramiento» (ibíd.).

la noche anterior, y ya pelado y dulcificado» (1, 152)? Tal vez el rasgo más provocador de *Los papeles salvajes* sea ese gesto distintivo de la práctica microescritural que a partir de Macedonio recorre las letras rioplatenses: iniciar la narración en un límite donde se sabe que su continuidad es imposible.

La cualidad de inminencia específicamente asociada al recuerdo que informa la obra poética de Marosa di Giorgio viene a culminar en el volumen que la cierra, *Diamelas a Clementina Médici* (2000), texto elegíaco dedicado a su madre, fallecida en 1990. En este libro el recuerdo se da frecuentemente como microrrelato de terror: «Somos varios. Y me eligen para ir primero al matadero. Está bien. Empujan con cuchilla. Me espanto y me resisto y retrocedo. Más ya hay mucha sangre en mi vestido. / Mamá, sálvame, mamá. / Pero tú cuidas las hortensias de otro lado. / Es muy difícil» (2, 327). O bien se trabaja micronarrativamente la tradición del relato de fantasmas (digamos, a la manera del Henry James de «The Jolly Corner» o del José Bianco de «Sombras suele vestir»), como en ese otro fragmento donde la evocación lírica de la Arcadia natural-familiar desemboca en una brusca irrupción de la conciencia de la muerte de la madre: «Dije: ¡Mira! Vamos a correr al lado de la oca! No contestaste. Entonces, me detuve, y me volví, y me quedé helada. Pues me di cuenta de que no estabas, y nunca habías venido» (2, 312). En cierto modo, la madre muerta es escrita como fantasma porque sólo puede ser experimentada así: la muerte es el acontecimiento imposible, inaceptable, aquello que hace insostenible toda noción o experiencia de «realidad» —«Oh, cómo acá finiquitó tu viaje! Mas no puede ser, no, no. Algo debe estar. Una fina raya parte de ti hacia el mundo, siempre» (2, 314)—. La muerte naturaliza el fantasma; el modo literario fantástico, lejos de la artificialidad que Todorov le atribuyera al género, sería aquí una estrategia de supervivencia, una suerte de *Überlebenswissen*[11]: una forma de sobrellevar/sobrevivir la experiencia de la pérdida de un ser querido, de trabajarla psíquica y simbólicamente. En otras palabras, la comunicación de mundos —el deseo o postulación de una «fina raya» que enlazaría la vida con la muerte, lo presente con su no ser o «más allá»— sería el núcleo *real* del modo fantástico, su nudo traumático. De ahí que las afirmaciones de vida en *Diamelas* sean contradictorias, fantasmales —fantasías *atravesadas*, diría Lacan[12], donde el fantasma recorre la enunciación: «Mamá está viva. Pero no resucitó. Está viva» (2, 316); «Y desde

[11] Para la noción de «saber de (super)vivencia», véase Ette (2004: 9-22 y 171-188).

[12] Sobre la noción de «traversée du fantasme», véase Lacan (1973: 246). Para un estudio iluminador del fantasma en la tradición literaria y artística de Occidente, véase Agamben (2006).

allí clamo: ¡Mamá! Esta oveja que nos trajo no está viva, no es de verdad» (2, 317). O, como en el poema que cierra el libro y su obra poética: «Pero ahí no estás, fantomas inocente / y madre desaparecida / y brezal de la princesa» (2, 337). En *Diamelas* son frecuentes los *disclaimers* textuales que delatan la insustancialidad o evanescencia de la representación: «A lo lejos habrá una representación / que miraremos asombradas / casi sin creer, / y que contará cómo volviste / a mi lado y a tu ser» (2, 320). Como en Macedonio —quien dijo, ligando su escritura a la muerte de la mujer amada: «Yo todo lo voy diciendo para matar la muerte en "Ella"» (7, 128)—, ese trazado del discurso en la carencia —ese trabajo con la melancolía que es su puesta en ficción— es otra de las razones que explican la brevedad de la escena narrativa en la escritura de di Giorgio, pero, también, su singular intensidad y su recurrencia.

Si la poesía de Marosa di Giorgio privilegia lo que podríamos llamar la vertiente subjetiva de la inminencia —intensidades asociadas al recuerdo, al conocimiento y a la revelación del ser en la palabra—, su narrativa explora insistentemente una vertiente «objetiva» —una intensidad de inminencia asociada al erotismo y al despliegue de una fantasmagórica galería de objetos de deseo—. Aunque toda su escritura, en virtud de ese privilegio de la inminencia, tiene una cualidad decididamente erótica, la vertiente objetiva —que por lo demás se da ya de modo intermitente en su poesía— adquiere una exuberante floración en los textos de ficción escritos en la última década de su vida, en su mayoría presentados como «relatos eróticos». Aun cuando la distinción entre poesía y ficción en la obra de di Giorgio es, como dijimos, relativa, ya que toda ella está animada por el propósito de transgredir ese límite, es posible señalar dos modos de transgresión emparentados, que vienen a coincidir con lo que la propia autora designa como poesía y como ficción. Si en aquélla predomina una micronarratividad como estrategia de suspensión y errancia transgenérica en el nivel de lo que podríamos llamar el «marco» discursivo, ésta tiende a explorar un «mal escribir» en el nivel de lo micro, o sea, en el terreno de la dicción.

En más de un sentido el erotismo está asociado en Marosa di Giorgio a la productividad de lo «micro». De la «mala» escritura miniaturizada y genéricamente hermafrodita que ponen en juego sus relatos podría decirse lo mismo que se dice del acto sexual en *Misales*: «se estaban haciendo pequeños, interminables, inmensos trabajitos, a cual más innovador y fructificante» (1993: 70). La imaginación lírica, visionaria, trabaja la narración descompensándola, desnortando sus rumbos —narración «siempre descalabrada, cerca de dar un grito o ponerse a rugir» (ibíd.: 28). Lo erótico aquí no es tanto el relato cuanto la escritura concebida como *ars erotica* —como arte de la inminencia, el desvío y la incitación—. En Marosa la escritura se da como utopía erótica, como un incesante vuelo del deseo que nunca llega a su fin, pues todo fin, antes de llegar a consumarse, muta en otro fin. Tal sería el sentido del erotismo como arte de la brevedad: el relato erótico —y de hecho toda la escritura marosiana— se presta a una sucesión de brotes, de relampagueos —breves incitaciones o visiones gozosas, como ésta de *Rosa mística*: «Y mientras esto era, ocurrieron más pequeñas cosas, tal pimpollos para aquí y para allá. Cosas de las que dan felicidad» (2003: 12)—. El abrupto final con que acaba el fragmento 3 de *Camino de las pedrerías* —corte sintáctico y diegético análogo al de la frase final de *Los papeles salvajes*— sería otra versión de ese arte de lo breve: «Es la hora de la cena, y de» (2006: 12). El corte, la intermitencia y el desvío, lo sabemos por Roland Barthes, son aliados del erotismo[13], y de ello se sirve el relato marosiano: éste se construye a partir de una serie de esguinces —desvíos gramaticales, léxicos o lógicos, extraños cruces o cambios de tono— que descoyuntan el esqueleto de la narración, lo que permitiría describir estos textos como narraciones *invertebradas*, de «rumbos indecisos», como se dice en otro fragmento de *Camino de pedrerías* (ibíd.: 18)—. La escritura marosiana podría verse como un arte de la miniatura sublime: como un tapiz de pequeños terrores, abismos y desmesuras que a la vez que excitan, asombran y dan pavor —escritura que dice «unas cositas terribles, chiquitas» (ibíd.: 26), que engarza con impavidez la ternura en la breve joya del horror, y retacea «con un poco de espanto un poco de risa» (ibíd.: 36). Así, en el fragmento 19 de *Camino de las pedrerías* la ternura con que se describe el sexo femenino se cruza con lo pavoroso de la voz que lo describe —la voz de su amante: el Diablo— y lo monstruoso de la semilla allí depositada y de la prole engendrada por esa impía unión: «Ya te colmé de hijitos. Por esa abertura tuya tan bonita, tan chiquita, vendrán al mundo como ratones, innumerables diablos, hijos tuyos, míos. Bravo, mujer. Rosalía» (ibíd.: 48). Al pavor y *pathos* sobrenatural de esta escena —fornicio con el diablo, procreación de ratones-diablo, almuerzo de una vaca entera en miniatura, prodigio de la casa que «no está, no se ve» (ibíd.: 49)— se yuxtapone, en un cambio de tono que produce un repentino derrumbe escenográfico, la ramplona observación del Diablo, digna del más vulgar y rutinariamente machista de los maridos: «—Vamos a cenar. Luego habrá que barrer la

---

[13] En *El placer del texto* (1973) Barthes observa: «la intermitencia [...] es intrínsecamente erótica: la intermitencia de la piel que relumbra entre dos prendas de vestir (pantalones y suéter), entre dos bordes (la camisa de cuello abierto, el guante y la manga); el relumbre en sí mismo es lo que seduce, o mejor: la puesta en escena de una aparición-como-desaparición» (10).

casa —explicaba como si mintiese, inventara» (ibíd.). No es infrecuente que un imposible «de mundo» (asociable en el discurso crítico al modo o género fantástico) aparezca ligado a un imposible «de lenguaje» (lo que en el discurso crítico cabe designar con la noción de «mala» escritura), como ocurre en el fragmento 18 del mismo libro: «Entonces, [él] le mató la cabeza» (ibíd.: 45). En principio, el sentido más aparente de esta frase nos lo ofrece la frase inmediata —«Ella se quedó sin cabeza. Sosteniendo la flor» (ibíd.)—, pero la supuesta aclaración —en el sentido literal de una *decapitación*— es desestabilizada por el abanico semántico que abre esa imposibilidad lógica y gramatical: ¿«le mató la cabeza»? Aquí empezamos a sospechar: ¿no habrá querido decir que «le hizo perder el juicio», tal vez en el sentido de un desmayo sexual?, o ¿no estaremos hablando más bien de un ser vegetal, cuya cabeza «matada» sería el fruto o flor arrancada?, etc. Análogamente, en el fragmento 7 de *Camino de las pedrerías* conviven el desvío del género sexual y gramatical: «Las animalejas de la noche huían a esconderse, pero hablando esa noche como hombrecitas, daban un intenso olor de hombre» (ibíd.: 19). El monstruo, lo imposible, el hermafrodita es, también, un híbrido morfológico: «hombrecitas». El deseo sin límite que supone la figura del hermafrodita sólo puede designarse escribiéndolo mal, darse en forma de desliz o desvío verbal, como «ocasión de pecar» (ibíd.: 26) en todos los sentidos, toda vez que estar «dispuesto al pecado» es estar dispuesto a decir «malas palabras» (ibíd.: 36). En cierto modo, una escritura que afirma lo imposible y lo increíble —proyecto de raigambre macedoniana— tiene que darse como «pecado». El pecado es lo que transgrede lo posible y lo creíble en la sexualidad, en la realidad y en el lenguaje —deseo, discurso y mundo están imbricados en el nudo de lo ilícito como fuente de pavor y asombro—. El pecado es la cruz en que convergen «mala» escritura y sentimiento de lo fantástico, aquello que hace posible entrever una «mala» escritura como *cruce* de lo fantástico —cruzamiento de lo fantástico con lo lírico, de lo nostálgico con lo siniestro, de lo hilarante con lo cruento—. Escritura de cruces, así pues, de breves estadías en una forma, voz, discurso o género.

En este recorrido por vías alternativas de la microtextualidad —por la perversidad de lo breve, diríamos— he querido sugerir algunos puntos de contacto que por la vertiente de un «mal escribir» permiten ligar *Los papeles salvajes* y los relatos eróticos de Marosa di Giorgio con la obra de Macedonio Fernández, conspicuo autor, también, de asilvestrados papeles y discursos cruzados —*Papeles de Recienvenido, Papeles de Buenos Aires, Arreglo de papeles que dejó un personaje de novela creado por el Arte*, etc.—. En ambos, la escritura es una pasión que tiene que ver con lo que recomendara Paul Celan en «El Meridiano» (1960):

«¿Renovar el arte? No, sino ve con el arte hacia tu más íntima escasez. Y ponte en libertad». *Geh mit der Kunst in deine allereigenste Enge* —Macedonio dice en alguna ocasión: «Me recluiré voluntariamente en un última casa del mudarse» (2, 97)—. El arte es llamado a una disminución, un encogimiento, y eso a su vez llama a un recogimiento, un ir a lo más propio, a la carencia más íntima: estrechez de un habitáculo que se contrae para trasladarse, límite de la conciencia que interroga su confín para alcanzar su don máximo, su darse en libertad. Principio de la pérdida y de la desposesión de sí que era lo que sostenía para Giorgio Agamben la tarea de «apropiación de la irrealidad» (2006: 97) que funda la poesía moderna. La contracción del arte nos retrae a la *minus Poësie* de Novalis y al proyecto visionario de la «poesía universal progresiva» de Friedrich Schlegel, concebido como múltiple cruce de géneros, discursos y planos de existencia —proyecto que llama a una «puesta en contacto [*in Berührung zu setzen*]» (1982: 38) entre poesía y prosa, entre arte y vida, que es un poner *fuera de sí*: una radical puesta en libertad. En la conjunción romántica de un «menos» artístico y un proyecto de nomadismo discursivo —no es casual la emergencia en esta época del aforismo y el fragmento como formas privilegiadas de investigación transdisciplinaria[14]— está prefigurada la exploración de una micronarratividad como vía negativa en que se esbozan estrategias contemporáneas de «mala» escritura transgenérica. ¿Hay una conclusión? Para que la conclusión, de tan breve, sea un

---

[14] Recordemos uno de los aforismos del *Athenäum* de Friedrich Schlegel: «Muchas obras de los antiguos se han convertido en fragmentos; muchas de los modernos lo son ya desde su concepción» (1982: 27). No faltan ejemplos: los *Sudelbücher* de Lichtenberg —para no salirnos de la Alemania de fines del XVIII— contienen apuntes y aforismos que se mueven entre lo autobiográfico y la observación científica, filosófica o antropológica; el pensamiento polifacético de Novalis expresa sus mercuriales apetencias en forma de fragmentos que saltan de la metafísica a la teoría estética, de la física y la geometría a la crítica literaria o a la filosofía de la historia; el propio Friedrich Schlegel se mueve en sus aforismos entre la filosofía, la teoría literaria y la historia de la cultura, y en ellos se piensa desde múltiples ángulos la idea de cruce e hibridación de discursos y disciplinas. Valga un botón de muestra: «Acaso una nueva época de las ciencias y las artes dará comienzo cuando la "transfilosofía" [*Symphilosophie*] y la "transpoesía" [*Sympoesie*] sean tan universales y espontáneas que no resulte extraño que naturalezas que se complementan mutuamente compongan obras en común» (ibíd.: 42). En la medida en que concibe esa era de saberes y artes «simbióticos» como una nueva época de la crítica, Schlegel es por lo demás una suerte de sombrólogo *avant la lettre*: «Si existiera un arte de fundir personalidades, o al crítico deseoso le fuera posible algo más que el deseo, para lo cual no faltan motivos por doquier, querríamos ver combinados a Jean Paul y Peter Leberecht» (ibíd.). Ver combinadas, desde cierta perspectiva crítica, las escrituras de Macedonio y Marosa di Giorgio es un deseo que las páginas precedentes de algún modo querrían cumplir.

no acabar de empezar, hay que encontrarla en otra parte. Por ejemplo, en un microrrelato de Macedonio que, como la escritura de Marosa di Giorgio, cifra una productividad textual y una heterodoxa capacidad de invención en la intensidad paradojal, interruptiva, del comienzo:

> Todo se ha escrito, todo se ha dicho, todo se ha hecho, oyó Dios que le decían y aún no había creado el mundo, todavía no había nada. También eso ya me lo han dicho, repuso quizá desde la vieja hendida Nada. Y comenzó (*Museo*, 8).

6.

Pro cosmetica
(diálogo cervantino con posos de café)*

Acerca de un libro de Daniel Attala, intitulado Macedonio, lector del *Quijote, donde se le plantea discreta querella a cierto discurso de un libro mío en que se habla de* Adriana Buenos Aires (Última Novela Mala). *Y donde en respuesta a la gentil invitación del autor a conversar en aquél, ofrécense razones al socaire de dicho discurso y lecciones curiosas de cosas aledañas.*

Daniel acaba de entrar en el café y ya sale a la aventura quijotesca de la lectura, ya me está hablando del ingenioso y muy existente caballero Macedonio y de otros hidalgos de adarga moderna y antigua, Unamuno, Pirandello, Calvino, Borges, Schlegel —¡valerosa cohorte!— y uno se va, la verdad, interesando. Mas hete aquí que en las amenas vueltas y revueltas de la sabia discusión —amplio y sereno oleaje— formóse un bizarro remolino. Ved cómo: sucedió que, como yo empezara a silbar con descuido la melodía de una tonadilla popular —*Sombra aquí y sombra allá, maquíllate, maquíllate...*—, mi compañero se resintió de tan imperdonable falta de cortesía, en otras palabras, sucedió lo impensable, y ya un desaforado gigante iba brotando del molinillo del soniquete, del «y dale, molino» del maquillaje! Con el maquillaje hemos topado, amigo Sancho. ¿Y cómo no arrojarse a tan gloriosa y jamás oída aventura y desfacer el mayor entuerto que vieron los siglos? Pues ha de saberse que esos maquillados molinos no son tales, sino greñudos gigantes que nos envía el desalmado mago Frestón para confundir nuestros pasos. ¡Sus, y a ellos!

—¡Mozo, dos cafés!

---

* Una versión previa de este capítulo apareció como «*Pro cosmética* (diálogo con posos de café)», en Daniel Attala, *Macedonio Fernández, lector del* Quijote. Buenos Aires: Paradiso, 2009, pp. 135-147.

—¿Lo tomarán solo o con comillas?
—Uno solo y uno con comillas.

El café, como el maquillaje, yo lo prefiero con comillas. A veces ocurre, bien es cierto, que uno lo pide con comillas y luego se lo traen solo. Aun así uno se lo toma. O lo toma o lo deja. Es lo que pasó esta vez, el principio, por así decir, del malentendido o indigestión del maquillaje. Yo lo había pedido con comillas, consciente de las connotaciones indigestas del término, en un intento de neutralizar o cuando menos descafeinar esas connotaciones, arraigadas en rancios prejuicios o en pruritos de pureza cafetera, que aun cuando en modo alguno se compartan (como es mi caso y también, creo, el de mi amigo Daniel) dejan un poso en el sentido ordinario de las palabras[1]. El intento, como se ve, fue fallido, pues el café me lo trajeron solo y con poso. Es posible que la expresión del pedido fuera poco clara o se me traspapelara algún acento... No será preciso avisar al encargado (para qué agregar bulto al libro de reclamaciones), pero insisto, el maquillaje yo lo quería descafeinado, entrecomillado o con desvío del puro sentido ordinario[2]. El sentido que yo quería probar era otro: en principio el maqui-

---

[1] Dicho sea a pie de página: el propio Macedonio se muestra bastante alejado de esos pruritos y prejuicios cuando en *No toda es vigilia la de los ojos abiertos* presenta la «cosmética femenina» como una de las especialidades de su saber metafísico, o cuando pone el valor de su discurso filosófico en cierta *manera* de articular el pensamiento: «soy sólo una manera de exponerla», dice a propósito de su metafísica en un texto de 1944, «Verdades pedantes frías y verdades calientes». El maquillaje no es asunto baladí: el grado de pureza o verdad de una idea es proporcional a su universalidad e impersonalidad —una idea, cualquiera (es un decir) puede tenerla, en tanto universal formaría parte del *thesaurus* del conocimiento humano, accesible en cualquier momento: las ideas no pueden pertenecer a nadie—. Es su actualización histórica, la forma de darse en discurso, su manera específica de encarnar en voz o en texto lo que implicaría el campo de la «propiedad» en cuanto inscripción de una imaginación individual en un territorio —i.e. en cuanto objeto de estudio de una historia del arte o del pensamiento, o bien (más problemáticamente) como fundamento jurídico de un «derecho de autoría»—. «Almismo ayoico», «no toda es vigilia la de los ojos abiertos», «última novela mala» y otras fórmulas o modos de fraseo similares serían parte del maquillaje, de la singular *manera* macedoniana de darle color propio a una idea.

[2] Véase Prieto (2002: 81-82) y el comentario de Daniel Attala a propósito del pasaje en cuestión (2009b: 127-134), que se resumiría en lo siguiente: «Si bien parece cierto que el estatuto de "novela mala" en el seno del plan de doble novela le sobreviene a Adriana Buenos Aires muy luego de haber sido escrita, ¿por qué ver en ello un mero *maquillaje* y no, para decirlo todo de una vez, la prosecución de un proceso de escritura que en modo alguno había finiquitado? [...] ¿Basta el hecho de que el plan de doble novela no fuera pensado por Macedonio al comienzo del proceso de escritura para considerarlo *tan sólo* un maquillaje?» (ibíd.: 132; énfasis del autor).

llaje, en un texto de ficción, queda inscrito en la piel como un tatuaje —ahí estaría su gracia y su razón de ser—. Lejos de ser un desdoro o una tacha —y tachar esa tacha fue siempre el anhelo de toda comilla olvidada en la cocina—, el maquillaje está ligado al ingenio de la escritura, es uno de sus valores —valor e ingenio en que no escasea el impar caballero Macedonio—. En ese sentido, el artificio de un texto está relacionado con lo que en él hay de arte, no con lo que pueda faltarle de auténtico —partiendo de la premisa de que todo texto por definición padece de algún modo esa falta, i. e., de que la relación de un texto (y especialmente de un texto de ficción) en cuanto a algo que pudiera ser referente o báscula de su «verdad» es necesariamente deficitaria—[3]. Ahora bien, ¿en qué consistiría la ingeniosa pose de escritura que Macedonio introduce en *Adriana Buenos Aires*? (aquí debiera pedir una «pose» con comillas, para descafeinar el poso de ulteriores malentendidos). Justamente en resaltar el artificio del maquillaje, en hacerlo demasiado visible, en evitar el *trompe l'œil* o disolución del adorno en la piel: en fingir un texto «mal» maquillado, y por medio de ese desajuste hacer más patente su insuficiencia, su condición de «novela mala» —i.e. limitada a un mero «ilusionismo», a interesarnos en los avatares y emociones de sus personajes[4]—. En cierto modo el maquillaje defectuoso, su insuficiente pretensión de beldad novelesca (de «novela buena» o metaléptica, ideal que se querría plenamente encarnado en el *Museo de la Novela*) sería ya, para ponerlo en términos del análisis de Attala, una estrategia metaléptica que pone en crisis la ilusión de la representación novelesca[5]. Así, para continuar esa lectura en clave cervantina, se diría que ya en la «novela mala» de Macedonio hay rudimentos o primicias de metalepsis, del mismo modo que en el *Quijote* el bucle metaléptico se inicia en la primera parte, cuando en el capítulo XLVII asistimos al desconcer-

---

[3] En un ensayo reciente Marcelo Cohen evoca una anécdota significativa: «Cuando le preguntaron a Beckett por qué dedicaba tantas horas de vida a un hacer que en su visión lo condenaba al fracaso, dijo que la razón era el modelado, el arreglo, la disposición: *It's the fashioning of it*. Después aclaró que, por supuesto, "uno tiene su metafísica"» (2009: 30).

[4] El maquillaje macedoniano, como su proyecto de novela, implica una doblez irónica que aplica con desvío «eso que —en palabras de Baudelaire, en "El pintor de la vida moderna" (1863)— nuestra época llama vulgarmente *maquillaje*: ¿cómo no ver que los polvos de arroz, tan burdamente anatemizados por filósofos cándidos, no tienen otro fin que hacer desaparecer de la tez las tachas infamemente espolvoreadas por la naturaleza, y crear una unidad abstracta en la textura y el color de la piel, unidad que, como la producida por el *maillot* en la bailarina, acerca de inmediato al ser humano a la estatua, es decir, a un ser divino y superior?» (36).

[5] Sobre la noción de metalepsis, véase Genette (2004).

tante caso de que un personaje, un ente de ficción (el Cura), evalúe las obras de ficción del mismo autor que lo imaginó a él —y pronuncie esas obras (la *Novela del Curioso Impertinente* y la *Novela de Rinconete y Cortadillo*) «buenas» y dignas de lectura, es decir, buenas «novelas malas» o «ilusionistas» en términos de Macedonio[6]. Desde este punto de vista, el maquillaje desaliñado de *Adriana Buenos Aires* no sólo no impide una valoración del proceso generativo del texto o de una determinada concepción estética en que éste se insertaría *a posteriori* (proyecto de la «doble novela») sino que es justamente lo que hace patente ese proceso: lo que revela la historia del texto, las manchas y arrugas que el paso del tiempo dejó en su piel —la distancia en cuanto a un ideal de belleza (llámese «novela buena») que se pone en evidencia en el mismo gesto fallido de procurarle remedio[7]—. Ideal que, por cierto, está tan lejos de alcanzar la «novela mala» (*Adriana Buenos Aires*) como la bautizada por su autor «novela buena» (*Museo de la Novela*), pues la drástica reducción literaria efectuada por Macedonio no se limita, me parece, a un instancia ejemplar de lo que Genette llamara «metalepsis» sino que en último término implica un proyecto anti-novelístico. De ahí el diferimiento de la novela por sucesivos prólogos y el hecho de que se dé como «museo», esto es, como recopilación de documentos, utensilios y artefactos de un proyecto inconcluso y tal vez inconcluible: un proyecto de novela *imposible*.

—¡Mozo, otro café!
—¿Doble o cortado?
—¿Podría ser uno doble *y* cortado?

---

[6] Macedonio emula el procedimiento de «cita del autor por su personaje» en el capítulo X del *Museo de la Novela*: «—Sí, respirar. Como dijo una vez el autor de esta novela: / Ni grato ni quejoso / voy respirando el aire de la Vida. / (El autor, corrigiendo: con mayúscula también "Aire". Pues sí, señor, que mis personajes ¡tenía que ser Dulce-Persona! me están citando, me hacen célebre.)» (205-206).

[7] *Adriana Buenos Aires*, según nos informa Adolfo de Obieta en la «Advertencia previa» a la primera edición, es el fruto de dos redacciones: la primera tiene lugar en 1922, la segunda —una versión «revisada sumariamente» (5, 7)— en 1938. En cuanto al *Museo de la Novela de la Eterna*, es el producto inconcluso de un dilatado periodo de escritura que abarca más de dos décadas. A partir de los manuscritos conservados, Ana Camblong establece en su edición crítica la siguiente diacronía para las sucesivas versiones: 1925-1927, 1929, 1936-1938, 1940-1942, 1947-1948. Ambas se publicaron, respectivamente, quince y veintidós años después de la muerte de su autor, en orden inverso a lo sugerido en el proyecto de la «doble novela»: el *Museo*, «primera novela buena», en 1967, y *Adriana*, «última novela mala», en 1974.

Daniel Attala habla con tino y criterio, entre el humo y el ruido de fondo del café, de Macedonio, lector del *Quijote*. Las palabras de Attala, lector cervantino del *Museo de la Novela*, van convocando una luz: es una luz muy grata y necesaria la que esa lectura arroja sobre el proyecto de la «doble novela» macedoniana. Con esa luz quiero conversar, aportando tal vez unas franjas de penumbra, mientras nos traen el café. (La penumbra, lo sabemos por Macedonio, es favorable a la meditación.) En el esfuerzo, valiosísimo, de convocar esa luz cervantina, de mostrar las semejanzas de la doble novela macedoniana con las dos partes del *Quijote*, quedan un poco desatendidas —cegadas, por así decir, por la intensidad de esclarecimiento de esa luz— las diferencias entre ambas obras. Al fin y al cabo, la doble novela de Macedonio no sólo es una relectura de la dualidad rastreada por Daniel Attala en el *Quijote*, sino también una reescritura, como el propio análisis de Attala lo indica en varios momentos sin especificar en qué consistiría, en los términos del análisis propuesto, dicha reescritura. En el proyecto de la «doble novela» habría que señalar la doblez pero también el corte —el corte con el modelo cervantino y con la tradición literaria que representa, y más en general, el corte como procedimiento de escritura en Macedonio—. El proyecto novelístico macedoniano es *doble y cortado*: cortado, para empezar, por el hecho de que nunca llegó a completarse como tal. Las dos novelas, *Adriana Buenos Aires* y *Museo de la Novela de la Eterna*, se publicaron póstumamente y siempre por separado: en cuanto «doble novela», el proyecto permanece hasta hoy inédito[8], lo que contrasta con la unidad orgánica de lectura que forman las dos partes del *Quijote*, publicadas conjuntamente a partir de la edición de Barcelona de 1617 (es decir, dos años después de la aparición de la segunda parte) y reunidas en la mayoría de las ediciones modernas en un solo volumen. Cortado, también y más decisivamente, porque está recorrido por movimientos tectónicos —hondas simas de crítica de la ficción y de la institución literaria— que agrietan y desestabilizan su legibilidad como meras «novelas» (malas o buenas). En ese sentido las dos partes del *Quijote*, leídas juntas o por separado, presentan un grado de consistencia narrativa del que están muy alejadas tanto la novela «mala» de Macedonio como la «buena». Si la primera parte del *Quijote* —y de hecho la mayor parte de la segunda, salvo los capítulos «metalépticos» o, para ponerlo en términos macedonianos, de conmoción del ser conciencial del lector— puede leerse como uno de los ejem-

---

[8] Esto podría paliarse en parte, desde luego, haciendo lo que no se ha hecho hasta ahora: publicar conjuntamente las dos novelas, lo que por varias razones sería más que deseable: entre otras, no sólo haría más visible la dualidad del proyecto novelístico de Macedonio sino también sus distintos niveles de doblez y corte.

plos más logrados de novela ilusionista de la literatura occidental (si no, como
quiere Macedonio, como su ejemplo máximo), el estatus de *Adriana Buenos Aires*
como último acto de ilusionismo de esa tradición —como «última novela
mala»— es mucho más precario. Y ello no sólo por el dudoso maquillaje metaficcional que desde el epígrafe «última novela mala» y a través de una serie de intervenciones paratextuales y materiales intercalados (como la muy metaléptica
«Página de omisión» que propone el capítulo IV) la sitúan en un inestable limbo
entre lo «malo» y lo «bueno», entre la ilusión novelesca y su puesta en abismo o
bucle metaficcional, sino porque en su mismo desarrollo diegético sería un caso
de ilusionismo notoriamente aberrante y desganado, en que proliferan digresiones y excursos a partir de una anécdota que oscila entre la vaguedad y la escasez.
En otras palabras, *Adriana Buenos Aires* es una mala «novela mala», en la medida
en que está concebida, como el *Museo de la Novela* y como gran parte de los escritos de Macedonio, a partir de una filosofía de la composición que recomienda
un «escribir mal y pobre», según la memorable fórmula de «El zapallo que se hizo
cosmos»[9]. Por otra parte, se diría que el *Museo de la Novela* no es menos aberrante como «novela buena», si conceptuamos esa bondad según el modelo de es-
guince metaléptico o estremecimiento conciencial que se da ejemplarmente en la

---

[9] Sobre esta disparidad entre las cualidades de lo «malo» de su novela –diferencia cuya aprecia-
ción depende del leve regusto o inframínimo de sabor de las comillas— Macedonio observa en el
Cuaderno de 1939 (es decir, al poco de la reescritura de *Adriana Buenos Aires* como «Última Novela
Mala»): «La Novela Mala. Se la criticó mucho por no ser "mala". [...] Nunca había pensado yo pro-
fundamente que hacer una tipificación de un género malo es una tarea de genio [mayor] que hacer
algo valioso pero sin el compromiso de tipificar un género cualquiera de lo malo. Se puede tener genialidad por un gran Poema o Novela pero ese mismo quizá no es suficiente genio para construir un
tipo de mal poema o novela mala. Sólo yo he pensado en tal genial labor y he fracasado netamente;
le falta a mi "nov[ela] m[ala]" más de la mitad de los recursos, pasajes y "redactos" deliciosos que
esencian el Novelar o el Poema Bobo. En cambio podría proponérmelo[,] todo casi lo que yo he escrito antes llenaba algún tipo de lo malo. Antes de ser un fracaso de la tipificación de algún género de
lo Malo he tenido acierto impensado en lo Malo, he sido una especie dichosa de un "Vendedor Gratis" (qué delicia ser vendedor gratis de helados para los chiquillos, he soñado con una tal felicidad
mientras era, ya no en sueños, un vendedor gratis, sin "esfuerzo", de prosa mala, puesto que aun hoy
a los 66 años apenas se podría empezar Arte Puro[,] pues aún no sé qué es Arte» (46-47). En cierto
modo la realización de un ideal de «novela mala» es tan inasequible como el de la «novela buena»: incluso para un autor que reconoce una singular pericia en «tipos de lo malo», sólo cabe *proponérselo*.
En esto, al menos, *Adriana y Museo* son rigurosamente gemelas: en ambas, el genio radicaría en la
idea o «tipificación» de un género de escritura imposible. Por lo demás, en la distinción entre una
prosa mala «gratuita», espontáneamente exitosa y feliz en su impropiedad (puesto que no se vende) y
otra tramada con «esfuerzo», que fracasa al ingresar en la lógica de acumulación de capital simbólico

segunda parte del *Quijote*. El procedimiento de conmoción conciencial —la
brusca caída desde un efecto o ilusión de persona a la toma de conciencia de una
realidad de personaje— demanda como requisito previo la credibilidad del personaje en cuanto «persona» y una cierta densidad o coeficiente de verosimilitud
de la ficción: la identificación del lector con las figuras de la ficción es necesaria
para armar ese nudo vertiginoso de olvido y anagnórisis del simulacro. El pase
mágico metaficcional, en su modalidad específica de reducción de la persona a
personaje, funciona de forma idónea en los capítulos III y LIX de la segunda parte del *Quijote* o en el desenlace del relato de Borges «Las ruinas circulares», por
ejemplo. En el *Museo de la Novela* la eficacia del procedimiento es múltiplemen-
te obstruida por la hipertrofia del discurso teórico y la anemia de sus «efectos de
realidad» (o, más exactamente, por la lozanía de sus «efectos de imposibilidad»):
la teoría de la novela achica de forma drástica las entradas a una ficción cuyas figuras son demasiado evanescentes e hilvanadas en abstracción para llegar a adquirir perfil o ilusión de persona. Macedonio viene a ser un mago más interesado
en la teoría o explicación del truco que en su mágica ejecución: tanto habla del
truco metaléptico que éste sólo puede salir de una forma: mal. En definitiva, lo
que dificulta el funcionamiento de la técnica metaléptica cervantina en la doble
novela de Macedonio remite a la diferencia más evidente entre la dualidad del
proyecto novelístico de Macedonio y el de Cervantes: la diferencia entre *una* novela en dos partes y una anexión de *dos* novelas.

Intermedio conciencial
o pequeña digresión para acabar volviendo a lo mismo (tomada, al pie de la letra,
del ensueño adormilado de un curioso que pegaba la oreja en una mesa vecina, lec-
tor también de Macedonio, como podía esperarse de un parroquiano de La Novela,
antes Perla del Once*):*

Por lo que sabemos de ella, la historia de la escritura de las dos novelas (más
sobre esto en el siguiente capítulo de digresión, que pronto sobrevendrá) tiende
a aumentar más que a paliar la distancia que las separa, de modo que cuando en

---

(o, en los términos de esta discusión: en la diferencia entre estratos de novela mala con y sin «maquillaje»), más allá del campo metafórico aquí sugerido a propósito de *Adriana Buenos Aires* habría
que considerar hasta qué punto en el «escribir mal y pobre» macedoniano hay vetas de cálculo estético (llámeselo esfuerzo o maquillaje) que, tal y como vimos en el primer capítulo, no serían ajenas a una potencial o efectiva voluntad de «puesta en venta», i. e. de intervenir o entrar en liza en
un determinado campo cultural.

el capítulo XI del *Museo* dos de sus personajes, Quizagenio y Dulce-Persona, leen juntos un capítulo de *Adriana*, esto se parece más a aquel deleitable pasaje de la primera parte del *Quijote* en que uno de sus personajes cita (para exonerarlas del fuego o, lo que viene a ser lo mismo, del olvido) *otras obras* del autor que lo inventó a él, que a los capítulos de la segunda parte en que el ingenioso hidalgo y su fiel escudero se leen a sí mismos como personajes de la misma obra que ellos (y nosotros, vertiginosos lectores, con ellos) están viviendo a la vez que leyendo. (De hecho, en el capítulo LIX de la segunda parte Don Quijote y Sancho se leen a sí mismos como personajes de *otra* novela: la versión «mala» del *Quijote* firmada por Avellaneda.) La eficacia del pase mágico efectuado por Cervantes depende de una delicada combinación de imposibilidad y verosimilitud; en el capítulo del *Museo* en cuestión, como en general en la escritura novelística de Macedonio, lo imposible —zapallo que a cada vuelta de renglón se hace cosmos— prolifera en detrimento de lo verosímil. El efecto de mareo conciencial del lector es sustituido por el diálogo teorizante de los personajes sobre dicho efecto —diálogo en el que, entre otras inverosímiles intervenciones, se personan las instancias textuales del «autor» y el «lector» y hasta la misma Adriana Buenos Aires! (prodigio cuyo equivalente cervantino sería que, en el citado capítulo LIX de la segunda parte, el Don Quijote de Avellaneda saltara del libro y se pusiera a pegar la hebra con el Don Quijote de Cervantes). El truco o trueque conciencial-metaléptico funciona bien en el *Quijote* porque los personajes cuya ilusión de «personas» es eficazmente construida en la primera parte son los mismos que en ciertos momentos de la segunda experimentan una caída en la conciencia de ser personaje; por el contrario, los personajes de *Adriana Buenos Aires* y *Museo de la Novela de la Eterna*, más allá de la vaga continuidad que por la vía del anclaje autobiográfico podría postularse entre algunos de ellos —Eduardo de Alto-Presidente-(Macedonio), Adriana-Niña de Dolor-(?)—, no se prestan a esa prestidigitación por la sencilla razón de que son distintos, no sólo en nombre y peripecia diegética sino también en su diverso coeficiente de «ilusión de persona», que si bien en todos los personajes macedonianos suele ser deficitario, lo es de modo radical en los de la novela «buena» y sólo parcial en los de la «mala».

—¿Pasó el ángel de la digresión?

—Nunca se sabe. También puede ser que estemos en uno de esos momentos de «paso del ángel» que irrealizan tantas conversaciones.

—A un diálogo al que le crecen los curiosos no le vendrían mal unas rodajas de dejación de realidad... ¡A ver, mozo!

Mientras llegan esas rodajas de irrealidad, consideremos esto: en contraste con la unidad orgánica que forman las dos partes del *Quijote*, la doble novela de Macedonio propone una pareja *inorgánica*. Esa inorganicidad es un rasgo constatable no sólo en la historia de su escritura sino en la misma concepción del proyecto, especialmente si tenemos en cuenta que éste no sólo empareja una novela «mala» y una «buena» sino que opone una *última* «novela mala» a una *primera* «novela buena»; es decir, si tenemos en cuenta que lo que une las dos novelas es una profunda fisura cualitativa que implicaría un parteaguas en la historia de la literatura, separando radicalmente una novela que cerraría una época de la tradición novelística de otra que marcaría el umbral de una nueva época. Por esta vertiente surge una pregunta clave para la lectura cervantina del *Museo de la Novela*: si ésta se limitara a actualizar un procedimiento llevado a su máxima expresión por el *Quijote*, ¿qué justificaría el título de «*primera* novela buena»? En esa secuencia de virtuosismos novelísticos, ¿no sería el *Museo de la Novela* al menos una «*segunda* novela buena»? La concepción del *Museo de la Novela* no sólo como (otra) «novela buena» sino como *primera* «novela buena» apunta al hecho de que Macedonio, además de reescribir la novela cervantina replicando sus virtudes, lo hace introduciendo en ellas un corte: la posibilidad de una «buena novela» *nueva*. En cierto modo la reescritura macedoniana del *Quijote* introduce un corte tan drástico en cuanto a la tradición literaria iniciada y representada de modo ejemplar por la novela cervantina como el que introduce el propio Cervantes en su reescritura del *Amadís de Gaula* y el *Tirant lo Blanc* —esto es, en la tradición novelesca de los libros de caballerías—. En otras palabras, lo «bueno» del *Museo de la Novela* radicaría no sólo en la actualización de la vertiente conmocional o metaléptica de la novela cervantina sino en el despliegue de un método metaléptico heterodoxo —una metalepsis exacerbada, sacada de quicio— que multiplica los planos de ataque más allá del eje persona-personaje y que formaría parte de una serie de estrategias de crítica de la ficción y miniaturización de lo literario. En cierto modo la «primera novela buena», como lo sugieren las docenas de prólogos del *Museo* y su publicación indefinidamente retardada, sería la «novela que no comienza», la no-novela. El propio Macedonio llama la atención en numerosas ocasiones sobre su condición de proyecto *no llevado a cabo*, suspendido en una no-ejecución que sería una de sus mayores virtudes en cuanto obra de arte moderna.

(Sobreviene el siguiente capítulo de digresión.)

El arte moderno promueve el efecto de «aún no»; el arte clásico, la ilusión de un «siempre ya». El efecto de «aún no» es inherente al proyecto de doble novela —un efecto de *no-escritura* no menos notorio por aplicarse a una serie de textos que no dejan de reescribirse durante más de dos décadas—. El «aún no» recurre a modo de bucle auto-reflexivo en la escritura de los textos novelísticos así como en numerosas declaraciones anunciatorias del proyecto que a su manera son también ya briznas de escritura novelística. Dice Macedonio en el «Brindis a Scalabrini Ortiz»: «Yo entrego mi novela como la última mala, bajo el compromiso de que otros aquí prometan la que la haga última de lo malo, la verdadera Novela ¡por fin! No sería cauto que yo escribiera las dos: podrían confundirse y tomarse por última mala la gran novela comenzadora». Por lo demás, en la reescritura de la doble novela hay que tener en cuenta otro corte significativo: *Adriana* se reescribe aparentemente *una* vez, hacia 1938, época de la que data su equívoco «rejuvenecimiento»; el *Museo* se reescribe muchas veces, en un proceso de sucesivas revisiones (al menos cinco de las que tengamos constancia) que abarca un cuarto de siglo. Es decir, en un determinado momento la (re)escritura de *Adriana* se abandona, en tanto que la del *Museo* continúa hasta el final de la vida de su autor (y aun más allá, si la historia reciente de la literatura argentina no nos engaña). El *Museo de la Novela de la Eterna* es la novela *eternamente joven* —lo que no es tan claro que pueda decirse de *Adriana* en cuanto novela revivificada a la vez que delatada en su marchitamiento por medio de una peculiar invención cosmética: un alevoso maquillaje (entrecomíllese *ad libitum*)—. La novela buena se proyecta en la futuridad utópica de lo siempre *aún no* escrito; la mala se hace visible en la actualidad pretérita de lo siempre *ya* escrito: otra forma de decir que la «doble novela», antes que una novela en dos partes o que dos novelas ensambladas, es un mecanismo teórico que se piensa y hace pensar en el quicio irónico entre épocas o filosofías del arte en que surgen una conciencia y una sensibilidad modernas.

—¡A ver esas rodajas! ¡O unos azucarillos de distracción de espontáneos!

—Azucarillos no nos quedan; sólo algo de sacarina «Juan Pasamontes», especialidad de la casa.

—Bienvenidos sean Pasamontes o Saltamontes.

Habría que saltar por el hilo de esta idea: la novela macedoniana es a la vez novela doble y ex novela. Su duplicidad consistiría en una doblez del «ex» —redoble de lo que no es: ni «mala», ni «buena», ni (idealmente) «novela»—. Una de las innovaciones o bondades más duraderas del *Museo de la Novela* sería justamente la práctica de una suerte de microficción interterritorial[10]: una micronarratividad en fuga, en continuo desvanecimiento, que desgaja la ficción de sus cauces y funciones convencionales en el género novela o en la ideología del discurso literario. Una ficción «salteada», que opera en los intersticios discursivos y toma al asalto el «entre» —entre discurso filosófico y literario, entre política y estética, entre teoría e inscripción autobiográfica (entre otros entres)—. Macedonio cultiva un modo de ficción «en receso» que tiende a estremecer sus lugares de legibilidad, los hábitos de lectura de una determinada tradición cultural, sus relaciones simbióticas y puntos de anclaje con el poder y los discursos de lo real. Por esta vertiente el *Museo de la Novela* abre una vía de experimentación narrativa que se cuenta entre las más activas dentro de las reconfiguraciones del discurso literario de la segunda mitad del siglo XX —y ello a pesar de (o quizá gracias a) su potencialidad de activar lógicas de sentido o juegos de lenguaje que exceden los límites de ese discurso—. En cierto modo las innovaciones más productivas de la literatura de nuestra época son de signo macedoniano, más que cervantino: exploran la capacidad de sacudida de una «mala» escritura trans-discursiva y anti-ficcional, desbrozando un camino que diverge de las transitadas sendas de la metaficción o de las virtudes de conmoción metaléptica de la novela moderna. La fisura epocal que anuncia la doble novela de Macedonio se materializaría históricamente en términos que, como su propia práctica textual, rebasan su teoría de la novela. Si en la concepción de ésta es determinante la relectura del *Quijote*, en la trama de esa fisura epocal juega un papel insoslayable la reescritura del *Quijote* —no como un modo de replicar su dualidad sino como cierta forma de *replegarla*—. La época de la literatura que llegaría a su fin o iniciaría su ocaso con la «última novela mala» sería la época cervantina —la época de la novela realista *y* de la novela metaléptica, doble tradición moderna que iniciaría el *Quijote* en cuanto obra maestra de ambas modalidades narrativas—. La época de escritura que se abre con el *Museo de la Novela* —despliegue que discurre por el envés de la novela cervantina— y que hoy podemos considerar en fase de intensa ebullición ha merecido diversos nombres: no parece injustificado sugerir para esa época —que es la nuestra— el valeroso título de macedoniana.

---

[10] Sobre esta noción véase lo expuesto en el capítulo anterior.

—¡Mozo, otros dos cafés!

—Serán los últimos. Vamos a cerrar.

—El primero en ser último hará juego con el último en ser primero.

Adriana Buenos Aires, «última novela mala»; *Museo de la Novela de la Eterna*, «primera novela buena»: en el corte inscrito en esa dualidad flamean los estandartes vanguardistas del caballero cervantino Macedonio. La presentación de la doble novela como *novedad* de doble filo, que no sólo afirma ser «primera» en su género sino que también provee el «último» ejemplar de una especie discursiva cuya extinción implicaría la irrupción de aquélla, es un gesto que no podemos dejar de remitir al campo de operaciones y apetencias de lo que se conoce como «vanguardias históricas». Pero es sabido que los caballeros andantes gustan de cabalgar por libre: Macedonio, vanguardista cervantino, sería una figura tan excéntrica en la cofradía novelesca fundada por el *Quijote* como en las diversas órdenes de caballería vanguardista, pues en su doble novela la afirmación de una originalidad radical que aspira a cortar amarras con la tradición coexiste con la puesta en juego de una crítica de la autoría y un discurso de reivindicación del plagio que hacen cortocircuito con algunas de las pulsiones y códigos dominantes de la hermandad vanguardista. Casi se diría que la duplicidad cervantina que reescribe Macedonio no es tanto (o no sólo) la que proponen la primera y la segunda parte del *Quijote*, como la que discordantemente componen el *Quijote* de Cervantes y el *Quijote* de Avellaneda. Duplicidad evocada, si no nos engaña el mago Frestón, en el capítulo del *Museo* en que sus personajes leen un capítulo de la «novela mala», así como en la segunda parte de la novela cervantina Don Quijote y Sancho leen sus hazañas en la versión «mala» de Avellaneda. Con la peculiaridad de que, si la «novela buena» de Cervantes (la segunda parte del *Quijote*) sería la reescritura de una versión mala (el *Quijote* plagiario de Avellaneda, que moviera a Cervantes a corregir los errores de esa burda continuación), Macedonio ofrece la burda imitación –la versión mala, espuria o desautorizada del género novela— como *anterior* a la versión buena, original e (idealmente) fiel a sus designios artísticos y autoriales. En otras palabras, Macedonio, como Cervantes, reescribe una versión mala para producir la «novela buena», pero introduce el bucle paradójico de presentar la versión buena idealmente grapada a esa mala copia «anterior» (aunque sepamos, por la aplicación tardía de la polémica mascarilla o delgada capa de reescritura que revela su condición de espuria —el maquillaje macedoniano *desenmascara*—, que de hecho, como todo plagio, es posterior). A todos los efectos, la novela quijotesca de Macedonio cabalga por los siglos en compañía de ese peregrino escudero, bizarra y desacompasada pareja, llamada a nunca vistos lances y aventuras de lectura y escritura.

—¡Mozo, la cuenta!

No el abalorio de incontabilidad del ser de estas cosas —crepúsculo, café, amistad, lecturas— sino el de la gana de tomar el fresco y dar camino a otras andanzas... ¿Rumbo a qué ínsula o Dulcinea, Daniel?

Bibliografía

ABÓS, Álvaro (2002): *Macedonio Fernández. La biografía imposible*. Buenos Aires: Plaza & Janés.

AGAMBEN, Giorgio (2002): «Difference and Repetition: On Guy Debord's Films». En: Tom McDonough (ed.), *Guy Debord and the Situationist International: Texts and Documents*. Cambridge: MIT Press, pp. 315-316.

— (2006): *Estancias. La palabra y el fantasma en la cultura occidental* (trad. Tomás Segovia). Valencia: Pre-Textos.

AIRA, César (1981): *Ema, la cautiva*. Buenos Aires: Editorial de Belgrano.

— (1988): «Prólogo». En: Osvaldo Lamborghini, *Novelas y cuentos*. Barcelona: Ediciones del Serbal.

— (1991a): *Copi*. Rosario: Beatriz Viterbo.

— (1991b): *Nouvelles impressions du Petit Maroc*. Saint-Nazaire: Maison des Écrivains Étrangers et des Traducteurs (Arcane 17).

— (1991c): *La liebre*. Buenos Aires: Emecé.

— (1992a): *El llanto*. Rosario: Beatriz Viterbo.

— (1992b): «Cecil Taylor». En: Juan Forn (ed.), *Buenos Aires: una antología de nueva ficción argentina*. Barcelona: Anagrama, pp. 129-144.

— (1992c): *Diario de la hepatitis*. Buenos Aires: Bajo la Luna Nueva.

— (1993a): *Cómo me hice monja*. Rosario: Beatriz Viterbo.

— (1993b): *La guerra de los gimnasios*. Buenos Aires: Emecé.

— (1994a): *Los misterios de Rosario*. Buenos Aires: Emecé.

— (1994b): «Ars narrativa». En: *Criterion*, 8, enero, s. p.

— (1995): «La innovación». En: *Boletín del Centro de Estudios de Teoría y Crítica Literaria*, 4, s. p.

— (1997a): *Taxol precedido de Duchamp en México y La broma*. Buenos Aires: Simurg.

— (1997b): *La serpiente*. Rosario: Beatriz Viterbo.

— (1997c): «Arlt». En: *Paradoxa*, 7, s. p.

— (1998a): *La trompeta de mimbre*. Rosario: Beatriz Viterbo.

— (1998b): *Las curas milagrosas del Dr. Aira*. Buenos Aires: Simurg.

— (1998c): *Alejandra Pizarnik*. Rosario: Beatriz Viterbo.

— (1999): *El congreso de literatura*. Buenos Aires: Tusquets.

— (2001a): *Los dos payasos*. México: Era.

— (2001b): *Cumpleaños*. Barcelona: Mondadori.

— (2001c): *Diccionario de autores latinoamericanos*. Buenos Aires: Emecé/Ada Korn.

— (2002a): *Varamo*. Barcelona: Anagrama.

— (2002b): *La prueba*. México: Era.

— (2002c): *Los fantasmas*. México: Era.

— (2002d): *Fragmentos de un diario en los Alpes*. Rosario: Beatriz Viterbo.

— (2003): *Embalse*. Buenos Aires: Emecé.

— (2008): «Prólogo». En: Osvaldo Lamborghini, *Teatro proletario de cámara*. Santiago de Compostela: AR Publicaciones.

ALTHUSSER, Louis (1994): «La transformation de la philosophie». En: *Sur la philosophie*. París: Gallimard.

ANDERSON, Benedict (1997): *Comunidades imaginadas: reflexiones sobre el origen y la difusión del nacionalismo* (trad. Eduardo L. Suárez). México: Fondo de Cultura de México.

ASTUTTI, Adriana (2002): «El retorno de la infancia en *Los misterios de Rosario* y *Cómo me hice monja* de César Aira». En: *Revista Iberoamericana*, 8, pp. 151-170.

ATTALA, Daniel (2004): «La tonelada: Macedonio Fernández y la tradición». En: Daniel Attala, Sergio Delgado y R. Le Marc'Hadour (eds.), *L'écrivain argentin et la tradition*. Rennes: Presses Universitaires de Rennes.

— (ed.) (2007): *Impensador mucho: ensayos sobre Macedonio Fernández*. Buenos Aires: Corregidor.

— (2009a): «Macedonio y el orden: la aventura del escribir-pensando, o de cómo puede la literatura ser también filosofía». En: Julio Premat (dir.), *Quimeras. Cuando la literatura sabe, ve, piensa. Cahiers de LI.RI.CO.*, 4, pp. 115-133.

— (2009b): *Macedonio Fernández, lector del* Quijote. Buenos Aires: Paradiso.

BACON, Francis (2000): *The New Organon* (ed. Lisa Jardine y Michael Silverthorne). Cambridge: Cambridge University Press.

BAUDELAIRE, Charles (1945): «Le peintre de la vie moderne». En: Anne D'Eugny (ed.), *Au temps de Baudelaire, Guys et Nadar*. Vanves: Kapp, pp. 17-40.

— (1968): *Les fleurs du mal*. Paris: Librairie José Corti.

BALDERSTON, Daniel (1993): *Out of Context. Historical Reference and the Representation of Reality in Borges*. Durham: Duke University Press.

BARKER, Ernest (1929): «Aristotle». En: *Encyclopaedia Britannica*. 14ª ed. London: The Encyclopaedia Britannica Company, Ltd., pp. 349-355.

BARRENECHEA, Ana María (1953): «Macedonio Fernández y su humorismo de la nada». En: *Buenos Aires Literaria*, 9, junio, pp. 25-38.

BARTHES, Roland (1990): *The Pleasure of the Text* (trad. Richard Miller). New York: Noonday Press.

— (1994): «La mort de l'auteur». En: *Œuvres complètes*. Paris: Éditions du Seuil, vol. 2, pp. 491-495.

BENJAMIN, Walter (2007): «Das Kunstwerk im Zeitalter seiner technischen Reproduzierbarkeit». En: *Aura und Reflexion. Schriften zur Ästhetik und Kunstphilosophie*. Frankfurt: Suhrkamp, pp. 378-413.

BERGSON, Henri (1941): *L'évolution créatrice*. Paris: Presses Universitaires de France.

BHABHA, Homi (ed.) (1990): *Nation and Narration*. London: Routledge.

BIAGINI, Hugo E. (1989): *Filosofía americana e identidad. El conflictivo caso argentino*. Buenos Aires: EUDEBA.

BIRAULT, Henri (1978): *Heidegger et l'expérience de la pensée*. Paris: Gallimard.

BLANCHOT, Marcel (1959): *Le livre à venir*. Paris: Gallimard.

BORGES, Jorge Luis (1925): *Inquisiciones*. Buenos Aires: Proa.

— (1961): «Prólogo». En: *Macedonio Fernández*. Buenos Aires: Ediciones Culturales Argentinas.

— (1989a): «El arte narrativo y la magia». En: *Obras completas*. Barcelona: Emecé, vol. 1, pp. 226-232.

— (1989b): «La perpetua carrera de Aquiles y la tortuga». En: ibíd., vol. 1, pp. 244-248.

— (1989c): «Prólogo» a *El jardín de senderos que se bifurcan*. En: ibíd., vol. 1, p. 429.

— (1989d): «Tlön, Uqbar, Orbis tertius». En: ibíd., vol. 1, pp. 431-443.

— (1989e): «Pierre Menard, autor del *Quijote*». En: ibíd., vol. 1, pp. 444-450.

— (1989f): «El Aleph». En: ibíd., vol. 1, pp. 617-628.

— (1989g): «La esfera de Pascal». En: ibíd., vol. 2, pp. 14-16.

— (1989h): «Nueva refutación del tiempo». En: ibíd., vol. 2, pp. 135-149.

— (1999): *Un ensayo autobiográfico* (trad. Aníbal González). Barcelona: Galaxia Gutenberg/Círculo de Lectores.

BUENO, Mónica (2000): *Macedonio Fernández, un escritor de Fin de Siglo: genealogía de un vanguardista*. Buenos Aires: Corregidor.

BÜRGER, Peter (1984): *Theory of the Avant-Garde* (trad. Michael Shaw). Minneapolis: University of Minnesota Press.

CABANNE, Pierre (1971): *Dialogues with Marcel Duchamp*. New York: Viking.

CADÚS, Raúl (2007): *La obra de arte del pensar: metafísica y literatura en Macedonio Fernández*. Córdoba: Alción.

CAMBLONG, Ana (2003): *Macedonio Fernández: retórica y política de los discursos paradójicos*. Buenos Aires: EUDEBA.

— (2006): *Ensayos macedonianos*. Buenos Aires: Corregidor.

CARNAP, Rudolf (1932): «Überwindung der Metaphysik durch logische Analyse der Sprache». En: *Erkenntnis*, 2, pp. 219-241.

— (1967): *The Logical Structure of the World. Pseudoproblems in Philosophy* (trad. Rolf A. George). Berkeley: University of California Press.

CELAN, Paul (1988): *Der Meridian und andere Prosa*. Frankfurt: Suhrkamp.

COHEN, Marcelo (2009): «Rigor y aventura». En: *Otra Parte*, 17, otoño, pp. 28-34.

CONTRERAS, Sandra (2002): *Las vueltas de César Aira*. Rosario: Beatriz Viterbo.

CORNELL, Druscilla (1992): *The Philosophy of the Limit*. New York: Routledge.

CRITCHLEY, Simon (1992): *The Ethics of Deconstruction: Derrida and Levinas*. Oxford: Blackwell Publishers.

DEBORD, Guy (2006): *Œuvres* (ed. Jean-Louis Rançon). Paris: Gallimard.

DE LA CRUZ, San Juan (1983): *Cántico espiritual. Poesías*. Madrid: Alhambra.

DELEUZE, Gilles; GUATTARI, Félix (1975): *Kafka: pour une littérature mineure*. Paris: Éditions de Minuit.

DERRIDA, Jacques (1967): *De la grammatologie*. Paris: Éditions de Minuit.

— (1972): *Marges de la philosophie*. Paris: Éditions de Minuit.

— (1986): «Acts». En: Avital Ronell y Eduardo Cadava (eds.), *Mémoires for Paul de Man* (trad. Cecile Lindsay, Jonathan Culler y Eduardo Cadava). New York: Columbia University Press.

— (1990): *Limited Inc*. Paris: Galilée, 1990.

— (1995): *Espectros de Marx. El Estado de la deuda, el trabajo del duelo y la nueva internacional* (trad. José Miguel Alarcón y Cristina de Peretti). Madrid: Trotta.

D'HARNONCOURT, Anne; MCSHINE, Kynaston (eds.) (1973): *Marcel Duchamp*. New York: The Museum of Modern Art.

DI GIORGIO, Marosa (1993): *Misales*. Montevideo: Cal y Canto.

— (1999): *Reina Amelia*. Buenos Aires: Adriana Hidalgo.

— (2003): *Rosa mística*. Buenos Aires: Interzona.

— (2000): *Los papeles salvajes*. Buenos Aires: Adriana Hidalgo, 2 vols.

— (2004): *La flor de lis*. Buenos Aires: El Cuenco de Plata.

— (2006): *Camino de las pedrerías*. Buenos Aires: El Cuenco de Plata.

DUCHAMP, Marcel (1983): *Notes* (ed. y trad. Paul Matisse). Boston: G. K. Hall & Co.

ECHAVARREN, Roberto (2005): *Marosa di Giorgio: devenir intenso*. Montevideo: Lapzus.

EPPLE, Juan Armando (1990): *Brevísima relación: antología del micro-cuento hispanoamericano*. Santiago de Chile: Mosquito.

ETTE, Ottmar (2001): *Literatur in Bewegung. Raum und Dynamik grenzüberschreitenden Schreibens in Europa und Amerika*. Göttingen: Velbrück Wissenschaft.

— (2004): *ÜberLebenswissen. Die Aufgabe der Philologie*. Berlin: Kulturverlag Kadmos.

FERNÁNDEZ, Macedonio (s. f.): *Cuaderno de 1939*. Inédito. Buenos Aires: Fundación San Telmo, 57 p.

— (1943): «Lo que se trabaja en las noches de Buenos Aires». En: *Papeles de Buenos Aires*, 2, p. 14.

— (1944a): «El plagio y la literatura infinita». En: *Papeles de Buenos Aires*, 3, p. 5.

— (1944b): *Papeles de Recienvenido. Continuación de la nada*. 1ª ed. Buenos Aires: Losada.

— (1948): «Psicología del Caballo de Estatua Ecuestre». En: *Orígenes*, 19, pp. 11-13.

— (1961): *Macedonio Fernández* (selección y prólogo de Jorge Luis Borges). Buenos Aires: Ediciones Culturales Argentinas.

— (1974): *Adriana Buenos Aires (Última novela mala)*. *Obras completas*, vol. 5 (ed. Adolfo de Obieta). Buenos Aires: Corregidor.

— (1981): *Papeles antiguos: escritos 1892-1907*. *Obras completas*, vol. 1 (ed. Adolfo de Obieta). Buenos Aires: Corregidor.

— (1987): *Relato. Cuentos, poemas y misceláneas*. *Obras completas*, vol. 7 (ed. Adolfo de Obieta). Buenos Aires: Corregidor.

— (1990): *No toda es vigilia la de los ojos abiertos y otros escritos metafísicos*. *Obras completas*, vol. 8 (ed. Adolfo de Obieta). Buenos Aires: Corregidor.

— (1992): *Epistolario*. *Obras completas*, vol. 2 (ed. Alicia Borinsky). Buenos Aires: Corregidor.

— (1993): *Museo de la Novela de la Eterna* (ed. Ana Camblong y Adolfo de Obieta). Buenos Aires: ALLCA XX.

— (1995): *Todo y Nada*. *Obras completas*, vol. 9 (ed. Adolfo de Obieta). Buenos Aires: Corregidor.

— (1996): *Papeles de Recienvenido y Continuación de la nada*. *Obras completas*, vol. 4 (ed. Adolfo de Obieta). Buenos Aires: Corregidor.

— (1997): *Teorías*. *Obras completas*, vol. 3 (ed. Adolfo de Obieta). Buenos Aires: Corregidor.

FERNÁNDEZ LATOUR, Enrique (1980): *Macedonio Fernández, candidato a Presidente y otros escritos*. Buenos Aires: Agón.

FERNÁNDEZ MORENO, César (1982): «Vida y obra de Macedonio Fernández». En: Macedonio Fernández, *Museo de la Novela de la Eterna* (ed. César Fernández Moreno). Caracas: Ayacucho.

FLAMMERSFELD, Waltraut (1993): «Pensamiento y pensar de Macedonio Fernández». En: Macedonio Fernández, *Museo de la Novela de la Eterna* (ed. Ana Camblong y Adolfo de Obieta). Buenos Aires: ALLCA XX, pp. 395-430.

FOUCAULT, Michel (1986): *La pensée du dehors*. Paris: Fata Morgana.

— (1995): *Las palabras y las cosas. Una arqueología de las ciencias humanas* (trad. Elsa Cecilia Frost). México: Siglo XXI.

GAMBONI, Dario (1997): *The Destruction of Art. Iconoclasm and Vandalism since the French Revolution*. New Haven: Yale University Press.

GARCÍA, Carlos (2000): *Correspondencia Macedonio-Borges 1922-1939. Crónica de una amistad*. Buenos Aires: Corregidor.

— (2003): «Macedonio, ¿Presidente?» <http://www.macedonio.net/articulos/presidente>.

— (2008): «Un Museo, muchos Museos» <http://www.macedonio.net/virutas/museos>.

GARTH, Todd S. (2005): *The Self of the City. Macedonio Fernández, the Argentine Avant-Garde and Modernity in Buenos Aires*. Lewisburg (PA): Bucknell University Press.

GARTH, Todd S.; DUBNICK, Heather (2008): «Uninvited Inversions: Borges, Macedonio and the Genesis of "Tlön, Uqbar, Orbis Tertius"». En: *Variaciones Borges*, 26, pp. 157-169.

GENETTE, Gerard (2004): *Métalepse. De la figure à la fiction*. Paris: Éditions du Seuil.

GILMAN, Claire (2008): «Bad Painting? Asger Jorn's "Modifications"». En: Eva Badura-Triska y Susanne Neuburger (eds.), *Bad Painting, good art*. Köln: DuMont Buchverlag, pp. 150-163.

GOGOL, Nikolai (1916): *Dead Souls* (trad. Stephen Graham). New York: Frederick A. Stowes Co.

GOLDBERG, Roselee (1979): *Performance: Live Art, 1909 to the Present*. New York: Harry N. Abrahams, Inc.

GONZÁLEZ, Horacio (1995): *El filósofo cesante. Gracia y desdicha en Macedonio Fernández*. Buenos Aires: Atuel.

GOPNIK, Adam (2007): «The Corrections: Abridgment, Enrichment, and the Nature of Art». En: *The New Yorker*, 22 de octubre, pp. 66-76.

HEGEL, G. W. F. (1970): *Vorlesungen über die Ästhetik I. Werke*, vol. 13. Frankfurt: Suhrkamp.

HEIDEGGER, Martin (1962): *Being and Time* (trad. John Macquarrie y Edward Robinson). New York: Harper & Row.

— (1967): «Überwindung der Metaphysik». En: *Vorträge und Aufsätze*, vol. 1. Tübingen: Neske.

— (1993): *Unterwegs zur Sprache*. Stuttgart: Neske.

— (2003): «El final de la filosofía y la tarea del pensar». En: *Tiempo y ser* (trad. Manuel Garrido, José Luis Molinuevo y Félix Duque). Madrid: Tecnos.

HUSSERL, Edmund (1969): *Ideas. General Introduction to Pure Phenomenology* (trad. W. R. Boyce Gibson). London: Collier Books.

JAMES, William (1929): «The Sentiment of Rationality». En: *Selected Papers on Philosophy*. New York: E. P. Dutton & Co.

— (1976): *Essays in Radical Empiricism*. Cambridge: Harvard University Press.

JORN, Asger (1959): «Peinture détourné». En: *Vingt peintures modifieés par Asger Jorn*. Paris: Galerie Rive Gauche.

KAMENSZAIN, Tamara (1983): «Invenciones de Macedonio Fernández». En: *El texto silencioso: tradición y vanguardia en la poesía sudamericana*. México: UNAM.

KIERKEGAARD, Sören (2000): *Sobre el concepto de ironía. Escritos*, vol. 1 (trad. Darío González y Begonya Sáez Tajafuerce). Madrid: Trotta.

KNABB, Ken (ed.) (1981): *Situationist International Anthology*. Berkeley: Bureau of Public Secrets.

LACAN, Jacques (1973): *Le séminaire, livre XI. Les quatre concepts fondamentaux de la psychanalyse*. Paris: Éditions du Seuil.

LADDAGA, Reinaldo (2001): «Una literatura de la clase media. Notas sobre César Aira». En: *Hispamérica*, 30.88, pp. 37-48.

LAGMANOVICH, David (ed.) (1994): «Márgenes de la narración: el microrrelato hispano-americano». En: *Chasqui*, 23.1, pp. 29-43.

— (2005): *La otra mirada: antología del microrrelato hispánico*. Palencia: Menoscuarto.

— (2006): *El microrrelato: teoría e historia*. Palencia: Menoscuarto.

LÉVINAS, Emmanuel (1961): *Totalité et Infini*. La Haye: Martinus Nijhoff.

— (1974): *Autrement qu'être ou au-delà de l'essence*. La Haye: Martinus Nijhoff.

LINDSTROM, Naomi (1978): «Macedonio Fernández y Jacques Derrida: covisionarios». En: *El Guacamayo y la Serpiente*, 16, pp. 32-49.

LYOTARD, Jean-François (1995): *La condición posmoderna* (trad. Mariano Antolín Rato). Buenos Aires: R.E.I.

MAN, Paul de (1996): «The Concept of Irony». En: *Aesthetic Ideology*. Minneapolis: University of Minnesota Press, pp. 163-184.

MARÍAS, Javier (2007): «O que yo pueda un día asesinar en mi alma». En: *El País Semanal*, 1600, 27 de mayo, p. 122.

MARTÍN, Rebeca; VALLS, Fernando (eds.) (2002): «El microrrelato en España». En: *Quimera. Revista de Literatura*, 222, noviembre, pp. 10-44.

MARX, Karl; ENGELS, Friedrich (1959): «Theses on Feuerbach». En: *Basic Writings on Politics and Philosophy* (ed. Lewis S. Feuer). New York: Anchor Books.

MATTALIA, Sonia (1992): «Macedonio Fernández/Jorge Luis Borges: la superstición de las genealogías». En: *Cuadernos Hispanoamericanos*, 505-507, pp. 497-505.

MOLLOY, Sylvia (1979): *Las letras de Borges*. Buenos Aires: Sudamericana.

MONDER, Samuel (2007): *Ficciones filosóficas: narrativa y discurso teórico en la obra de Jorge Luis Borges y Macedonio Fernández*. Buenos Aires: Corregidor.

MONTALDO, Graciela (1990): «Un argumento contraborgiano en la literatura argentina de los años '80 (Sobre C. Aira, A. Laiseca y Copi)». En: *Hispamérica*, 19.55, pp. 105-112.

— (1998): «Borges, Aira y la literatura para multitudes». En: *Boletín del Centro de Estudios de Teoría y Crítica Literaria*, 6, octubre.

NABOKOV, Vladimir (1959): *Invitation to a Beheading*. New York: Putnam.

NOGUEROL JIMÉNEZ, Francisca (ed.) (2004): *Escritos disconformes: nuevos modelos de lectura. (Congreso Internacional de Minificción, Salamanca, 2002.)* Salamanca: Universidad de Salamanca.

NOVALIS (1989): *Dichtungen und Fragmente* (ed. Claus Träger). Leipzig: Verlag Philipp.

— (2001): *Aus dem «Allgemeinen Brouillon». Novalis Werke* (ed. Gerhard Schulz). München: Verlag C. H. Beck.

OBIETA, Adolfo de (1999): *Memorias errantes*. Buenos Aires: Corregidor.

O'CONNOR, Patrick J. (2001): «César Aira's Life in Pink: Beyond Gender Games in *Cómo me hice monja*». En: *Revista Canadiense de Estudios Hispánicos*, 25.2, pp. 259-276.

PAZ, Octavio (1973): *Apariencia desnuda. La obra de Marcel Duchamp*. México: Era.

— (1990): *Los hijos del limo*. Barcelona: Seix Barral.

PIGLIA, Ricardo (1980): *Respiración artificial*. Buenos Aires: Sudamericana.

— (1993 [1987]): «Ficción y política en la literatura argentina». En: *Crítica y ficción*. Buenos Aires: Siglo Veinte, pp. 173-180.

— (ed.) (2005): *Diccionario de la novela de Macedonio Fernández*. Buenos Aires: Fondo de Cultura Económica.

POLLASTRI, Laura (1994): «Una escritura de lo intersticial: las formas breves en la narrativa hispanoamericana contemporánea». En: *El puente de las palabras: homenaje a David Lagmanovich* (ed. Inés Azar). Washington: Organización de Estados Americanos, pp. 341-352.

— (2007): *El límite de la palabra: antología del microrrelato argentino contemporáneo*. Palencia: Menoscuarto.

PREMAT, Julio (2009): *Héroes sin atributos: figuras de autor en la literatura argentina*. Buenos Aires: Fondo de Cultura Económica, 2009.

PRIETO, Julio (2002): *Desencuadernados: vanguardias ex-céntricas en el Río de la Plata*. Rosario: Beatriz Viterbo.

— (2007): «La inquietante extrañeza de la autoría: contrapunto, fugas y espectros del origen en Macedonio y Borges». En: Noé Jitrik y Roberto Ferro (eds.), *Historia crítica de la literatura argentina*. Buenos Aires: Emecé, pp. 475-504.

REST, Jaime (1976): *El laberinto del universo: Borges y el pensamiento nominalista*. Buenos Aires: Fausto.

RODRÍGUEZ MONEGAL, Emir (1952): «Macedonio Fernández, Borges y el ultraísmo». En: *Número*, 4, pp. 171-183.

ROJO, Violeta (1997): *Breve manual para reconocer minicuentos*. México: UNAM/Libros del Laberinto.

ROTGER, Neus; VALLS, Fernando (eds.) (2005): *Ciempiés: los microrrelatos de Quimera*. Mataró: Ed. de Intervención Cultural.

RUSSELL, Bertrand (1945): *A History of Western Philosophy*. New York: Simon & Schuster.

SAAVEDRA, Guillermo (1993): *La curiosidad impertinente*. Rosario: Beatriz Viterbo.

SANOUILLET, Michel (ed.) (1958): *Marchand du Sel: écrits de Marcel Duchamp*. Paris: Le Terrain Vague.

SCHIMINOVICH, Flora (1986): *La obra de Macedonio Fernández: una lectura surrealista*. Madrid: Pliegos.

SCHLEGEL, Friedrich (1925): *Lucinde*. Berlin: Morawe & Scheffelt Verlag.

— (1963): *Philosophische Lehrjahre 1796-1806. Kritische Ausgabe*, vol. 18 (ed. Ernst Behler). Paderborn: Schöningh.

— (1982): *Werke in einem Band*. München: Carl Hanser Verlag.

SCHOPENHAUER, Arthur (1981): *Die Welt als Wille und Vorstellung. Werke in einem Band.* München: Carl Hanser Verlag.

— (2006): *Parerga y Paralipómena,* vol. 1 (trad. Pilar López de Santa María). Madrid: Trotta.

SHAKESPEARE, William (1995): *The Tempest.* New Haven: Yale University Press.

SPERANZA, Graciela (2006): *Fuera de campo. Literatura y arte argentinos después de Duchamp.* Barcelona: Anagrama.

STELLARDI, Giuseppe (2000): *Heidegger and Derrida on Philosophy and Metaphor: Imperfect Thought.* New York: Humanity Books.

STEVENSON, Robert Louis (1948): «A Humble Remonstrance». En: *Henry James and Robert Louis Stevenson: A Record of Criticism and Friendship* (ed. Janet Adam Smith). London: Rupert Hart Davis, pp. 86-100.

TAYLOR, Diana (1997): *Disappearing Acts: Spectacles of Gender and Nationalism in Argentina's «Dirty War».* Durham: Duke University Press.

TODOROV, Tzvetan (1970): *Introduction à la littérature fantastique.* Paris: Éditions du Seuil.

VALLS, Fernando (2008a): *Soplando vidrio y otros estudios sobre el microrrelato español.* Madrid: Páginas de Espuma.

— (ed.) (2008b): «El microrrelato en España: tradición y presente». En: *Ínsula,* 741, septiembre.

VAZ FERREIRA, Carlos (1962): *Fermentario.* Buenos Aires: Losada.

— (1979): *Lógica viva. Moral para intelectuales.* Caracas: Ayacucho.

VECCHIO, Diego (2003): *Egocidios: Macedonio Fernández y la liquidación del yo.* Rosario: Beatriz Viterbo.

VIRILIO, Paul (1977): *Vitesse et politique: essai de dromologie.* Paris: Galilée.

WITTGENSTEIN, Ludwig (1965): «A Lecture on Ethics». En: *The Philosophical Review,* 74.1, pp. 3-12.

— (1997): *Tractatus logico-philosophicus* (trad. Jacobo Muñoz e Isidoro Reguera). Madrid: Alianza.

ZAVALA, Lauro (2000): *Relatos vertiginosos: antología de cuentos mínimos.* México: Aguilar.

— (ed.) (2002): «La minificción en Hispanoamérica». En: *Quimera: revista de literatura,* 211-212, febrero, pp. 11-78.

— (2004): *Cartografías del cuento y la minificción.* Sevilla: Renacimiento.

— (2005): *La minificción bajo el microscopio.* Bogotá: Universidad Pedagógica Nacional.